My GREEN Home

Dein Guide für ein nachhaltiges Zuhause

JANA WISCHNEWSKI-KOLBE • ANNE PETER
• CHRISTINE WEIDENWEBER

KNESEBECK

DEIN GUIDE FÜR EIN NACHHALTIGES ZUHAUSE

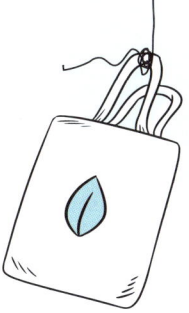

KNESEBECK

Inhalt

1
MyGreenKitchen

2
MyGreenCleaning

At First
LITTLE STEPS

Last
BUT NOT LEAST

NATURE PLUS

Findest du dieses Umweltzeichen auf Produkten rund ums Bauen, kannst du davon ausgehen, dass es sich um ein nachhaltiges Produkt handelt. Das Siegel bestätigt die Einhaltung hoher Qualitätsnormen auf allen für die Nachhaltigkeit relevanten Gebieten.

AURO

Bei AURO steht die Wohngesundheit an erster Stelle. Farben und Pflegeprodukte mit dem Label setzen *den* ökologischen Maßstab im Bau- und Wohnbereich. Die biologischen Farben werden dabei höchsten technischen Qualitätsansprüchen gerecht.

![100% ORGANIC](Foto von weißen Kleidungsstücken auf Kleiderbügeln mit einem Etikett mit der Aufschrift "100% ORGANIC")

3
MyGreenBathroom

4
MyGreenLiving

5
MyGreenLife

Flüssiges Shampoo
gegen
festes Shampoo
Schön, dass du mitmachst!

Am Anfang

Als wir drei uns vor einigen Jahren zum ersten Mal getroffen haben, war jede von uns schon ein bisschen nachhaltig unterwegs. Wir erzählten von unseren Experimenten, auf Alufolie zu verzichten, Hühner zu halten und das Auto auch mal stehenzulassen. Klimaveränderung, Verschmutzung der Meere, Wegwerfgesellschaft – das alles trieb uns schon damals um, wurde von uns diskutiert und von vielen Seiten betrachtet.

Und weil wir alle in der Zeitschriften- und Buchbranche heimisch sind, kristallisierte sich eine Idee aus unseren Gesprächen heraus: Es braucht ein Magazin für ein nachhaltiges Zuhause, mit Reportagen von Menschen, die Zero Waste leben, einen Unverpackt-Laden führen, sich für ein Tiny House entschieden haben und/oder vegan leben. Mit Beiträgen über ökologische Wohnfarben, selbst gemachte Waschmittel und Meal Prep als eine Möglichkeit der Abfallvermeidung in der Küche. Kurzum, ein Magazin von uns, mit unseren Erfahrungen, unseren Ideen, unserem Wissen.

NACHHALTIG SEIN UND FREUDE DARAN HABEN

Und so fing alles an mit dem Magazin My GREEN Home, das im November 2018 erstmals erschienen ist. Wir haben seither unser Leben umgestellt, waschen die Haare mit Roggenmehl, die Wäsche mit Kastanien und Efeu, frieren unsere Lebensmittel in Glasbehältern ein, testen neue nachhaltige Artikel, die mittlerweile zuhauf den Markt überfluten, und berichten in unserem Magazin davon. Für uns war dabei immer klar: Das alles soll auch Spaß machen! Und das Erfolgserlebnis, das wir beim Regrowen, beim Herstellen von Bienenwachstüchern und beim Häkeln von Putzschwämmen haben, möchten wir mit unseren Leserinnen und Lesern teilen. Natürlich berichten wir auch über Misserfolge und kleine Schwächen, die vielleicht nicht ganz so nachhaltig sind. Aber seien wir mal ehrlich: Wer ist schon perfekt?

UNSER GUIDE

Den vorliegenden Nachhaltigkeitsguide haben wir mit derselben Freude an einem bewussten und umweltbewussten Leben zusammengestellt. Er soll inspirieren und erstaunen, zum Nachmachen motivieren und den Sinn für ein schönes Zuhause mit wenig Müll und ökologisch vertretbaren Produkten schärfen.

Wir wünschen dir viel Spaß beim Lesen.

Jana

Anne

Christine

At first

Erste Schritte in ein grüneres Leben

Es gibt viele Bereiche unseres Lebens, die wir angehen können, um die Umwelt zu schonen. Wir zeigen dir, wie nachhaltig dein Alltag werden kann — und machen mit dir einen Life-Check. So erkennst du, wo du stehst und was du noch besser machen kannst.

Little steps
Nachhaltig leben
Und wie?

Wenn du an Nachhaltigkeit denkst, was kommt dir dabei in den Sinn? Umweltbewusst leben vielleicht? Ja, richtig. Aber was ist das eigentlich? Sich in einer Hütte im Wald von Beeren und Pilzen ernähren? Das wäre ebenfalls nachhaltig, aber es geht auch anders.

GREEN LIVING

Nachhaltig leben lässt sich auch in einer Wohnung oder einem Haus. Es bedeutet, sich umweltbewusst zu verhalten, weniger Müll zu produzieren, Wasser und Strom einzusparen, regionale und saisonale Lebensmittel zu kaufen, auf die Produktionsbedingungen von Konsumgütern zu achten und vieles mehr. Es sind zahlreiche Komponenten, die zu einem nachhaltigen Leben beitragen. Sich dafür zu entscheiden, ist ein Wendepunkt und ein äußerst spannender Prozess, der Spaß macht, aber auch ins Grübeln bringt. Denn vom Supermarkteinkauf übers Klamotten-Shopping bis zur nächsten Urlaubsplanung wird man immer weitere Kreise ziehen, um das eigene Leben nachhaltig und umweltbewusst zu gestalten. Manche Menschen stellen sogar ihren Job auf „Grün" um oder quartieren sich autark in einem Tiny Home ein.

UNSERE 17 TIPPS

Damit du ohne langes Blättern schnell ins Green Living einsteigen kannst, haben wir Tipps für dich zusammengetragen, die dir Denkanstöße und Ideen zum Durchstarten liefern. Doch warum sind Umdenken und Verhaltensänderungen eigentlich so wichtig? Weil wir alle die Erde weit über Gebühr belastet haben. Jetzt müssen wir sie schonen, damit sie uns noch lange erhalten bleibt.

DEIN BEITRAG ZÄHLT

Immer wieder ist zu hören, dass der Einzelne wenig bis gar nichts zur Nachhaltigkeit auf unserem Planeten beitragen kann, aber wir sind davon überzeugt, dass jeder noch so kleine nachhaltige Schritt nützlich und sinnvoll ist.

IN DEN KREISEN HIER UND AUF DEN NÄCHSTEN SEITEN FINDEST DU 17 NACHHALTIGKEITS-EINSTEIGER TIPPS, DIE DU SCHNELL UND EINFACH UMSETZEN KANNST.

Einkaufskorb

… mitnehmen, so sparst du Plastikbeutel und Tüten. Zudem reduzierst du dadurch Spontankäufe.

Nachhaltig zu leben, ist gut für alle: für den Einzelnen, die Gemeinschaft, die Umwelt und die ganze Erde.

Auto stehen lassen

Gehe möglichst oft zu Fuß, fahre Fahrrad oder nimm die Bahn. Dadurch schonst du die Umwelt und reduzierst deinen CO_2-Abdruck ungemein. Lass dein Auto also einfach öfter mal stehen.

Nachhaltige Kleidung

Immer nach dem neuesten Trend gekleidet zu sein, sorgt für riesige Klamottenberge. Was aber noch schlimmer ist: Die meisten Billigkleider werden unter menschenunwürdigen Umständen produziert und mit zahlreichen Chemikalien behandelt, die dann wiederum ins Wasser gelangen. Billigkleidung ist ein großes Umweltproblem, deshalb lieber auf nachhaltig produzierte Ware setzen und insgesamt weniger kaufen.

Müll trennen

Weißt du, was in welche Tonne kommt, und hältst du dich daran? Damit die Komponenten recycelt werden können, müssen sie korrekt getrennt sein, sonst sind sie unbrauchbar und landen in der Verbrennungsanlage.

Müllvermeidung

Kannst du aus der leeren Dose vielleicht noch etwas Tolles gestalten? Upcycling heißt hier das Zauberwort.

Kaufe nur so viele Nahrungsmittel wie nötig

Es ist schade, wenn du mehr kaufst, als du verbrauchen kannst. Das fördert zum einen die Überproduktion, was sich schlecht auf die Umwelt auswirkt, und lässt zum anderen die Müllberge ganz unnötig wachsen.

Wasser

Diese wertvolle Ressource ist in vielen Ländern knapp. Wir haben zwar noch genug, aber nachhaltig damit umgehen sollten wir trotzdem – deshalb öfter den Hahn zudrehen.

Saubere Energie

Fossile Energieträger sind weltweit die Hauptlieferanten von Energie- Klimaschäden nur eine Folge davon. Darum: Wechsle zu einem Ökostromanbieter; lasse nicht in jedem Zimmer das Licht an.

Weniger Plastik

Muss es das Eis im Plastikbecher sein? Oder eine Schokolade, die zweimal verpackt ist? Beobachte deinen Plastikkonsum mal genau – du wirst dich wundern, was alles nicht nötig ist.

Saisonale Produkte

Eine Erdbeere im Februar, eine Mandarine im September – meist kommen diese Produkte von weit her, wie zum Beispiel aus Südamerika. Kaufe lieber regionale Produkte, die bei uns Saison haben. So sparst du an umweltschädigenden Flugreisen für Obst und Gemüse.

Du unterwegs

Beim Reisen oder auf dem Weg zur Arbeit muss alles möglichst schnell gehen und praktisch sein. Aber brauchst du wirklich einen Coffee to go im Wegwerfbecher, dein Falafel-Sandwich in Alufolie und eine Wasserflasche aus Plastik? Du sparst Müll, indem du schon im Vorfeld besser planst: deinen eigenen Kaffeebecher mitnimmst, das Sandwich vor Ort isst und die Wasserflasche aus Metall einpackst. Außerdem kannst du dir leckere Brote belegen oder Mealpreppen (siehe Seite 46). Und deinen leeren Kaffeebecher kannst du an den meisten Kaffeeständen einfach wieder auffüllen lassen.

Urlaub ohne Flugzeug

Flugzeuge stoßen jede Menge CO_2 aus, pro Kilometer 214 g. Reise deshalb lieber mit der Bahn (38 g pro km) oder mit dem Reisebus (32 g pro km). Zum Vergleich: Ein Auto hat einen CO_2-Ausstoß von 140 g je Kilometer.

Bienenfreundlich pflanzen auf deinem Balkon

Um dem Artensterben etwas entgegenzusetzen, gärtnere im Garten und auf dem Balkon bienen- und insektenfreundlich. Viele Kräuter und Gemüsepflanzen sind bestens dafür geeignet. Frage den Gärtner deines Vertrauens, er kann dich beraten.

Im Supermarkt

Achte darauf, dass du keine unnötig verpackte Ware kaufst. Brokkoli in der Plastiktüte oder eine eingeschweißte Gurke müssen nicht sein. Greife außerdem lieber zu Gläsern als zu Konserven und lasse Wurst und Käse in deine mitgebrachten Dosen legen.

Nachhaltiger Konsum

Nur weil jetzt alle auf der Grüner-Lifestyle-Welle mitschwimmen, heißt das nicht, dass du deine konventionellen Produkte abschaffen und nachhaltig produzierte kaufen sollst. Verwende, was du hast, und ersetze es erst, wenn es unwiderruflich kaputt ist, durch eine nachhaltige Variante. Denn übertriebenes Green Shopping macht keinen Sinn. Außerdem solltest du dir bei jeder Neuanschaffung die Frage stellen: Brauche ich das wirklich? (siehe Seite 24)

Sharing is Caring

Leihe dir für den nächsten Pasta-Abend die Nudelmaschine deiner Freundin, statt eine zu kaufen. Brauchst du nur selten ein Auto, sind Carsharing-Dienste das Richtige für dich. Generell gilt: Durch Teilen sparst du nicht nur Geld, sondern auch Ressourcen.

Repair-Cafés

Dein Mixer hat den Geist aufgegeben? Versuche, ihn zu reparieren – entweder selbst oder durch einen Verwandten oder Freund. Oder geh damit in ein Repair-Café in deiner Nähe. Dort kann man dir bestimmt weiterhelfen, und du produzierst keinen unnötigen Elektroschrott.

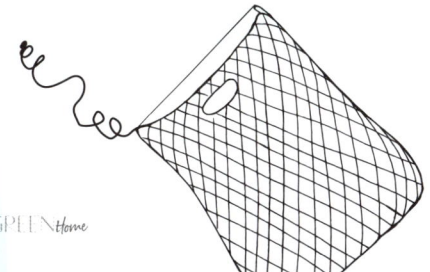

Life-Check
Wie nachhaltig lebst du schon?

Bevor wir mit dem grünen Lifestyle-Guide beginnen, bist erst mal du dran! Wir machen nämlich zunächst eine Bestandsaufnahme. So entdeckst du schnell, wo du schon umweltfreundlich lebst und wo noch Nachholbedarf besteht. Auf den folgenden Seiten findest du Checklisten, die dich in deinem „grünen" Leben unterstützen.

Aller Anfang & der Istzustand

Jede Veränderung beginnt mit dem ersten Schritt – in unserem Fall ist das eine Bestandsaufnahme unserer Gewohnheiten.

Eine Bestandsaufnahme unseres gesamten Lebens? Nein, das nicht. Aber lass uns ruhig mal durch einzelne Räume und Gewohnheiten wandeln und prüfen, wie grün dein Leben denn schon ist. Der erste Schritt: Ehrlichkeit beim Setzen der Kreuzchen. So erkennst du, wo in Sachen Nachhaltigkeit noch Luft nach oben ist. Von Zeit zu Zeit ist so ein Life-Check sehr sinnvoll, weil er dir schwarz auf weiß zeigt, wo du stehst. Denn manchmal siegen doch wieder alte Gewohnheiten oder schlichtweg die Bequemlichkeit, und schon leben wir an unseren eigentlichen Zielen vorbei. Mit unseren Checklisten bekommst du einen Guide an die Hand, der zahlreiche unterschiedliche Bereiche aufzeigt, in denen jeder von uns seinen Beitrag zu einem nachhaltigen Leben leisten kann. Dazu braucht es eine realistische Wahrnehmung des eigenen Verhaltens in Bezug auf Umweltfragen. Achten wir erst einmal auf den einen Aspekt, schauen wir sicher auch auf einen anderen, der hier vielleicht gar nicht aufgeführt ist. Es geht letztlich darum, unsere Sinne gut zu schärfen und auf uns und unsere Welt zu achten.

SO GEHT'S

Schnapp dir einen Bleistift und beantworte die Fragen auf den kommenden Seiten. Hast du öfter Ja als Nein angekreuzt, funktioniert dein Green Lifestyle schon ganz prima. Deine Nein-Antworten zeigen dir hingegen, was noch verbesserungswürdig ist. Schummeln ist dabei natürlich absoluter Unsinn.

THINK GREEN & BE GREEN

Du unterwegs
EIN BLICK AUF DEINE VERHALTENSWEISEN & IN DEINE HANDTASCHE

1. KREUZE AN

2. ZÄHLE: *Mit mehr Ja als Nein bist du schon recht nachhaltig unterwegs.*

	JA	NEIN
KAUFST DU DIR SELTEN UNTERWEGS KAFFEE IM BECHER?		
HOLST DU DIR NUR MANCHMAL SNACKS TO GO?		
GEHST DU OFT ZU FUSS?		
FLIEGST DU SELTEN IN DEN URLAUB?		
NIMMST DU ÖFTER DEIN FAHRRAD?		
FÄHRST DU MEISTENS MIT DER BAHN?		
NUTZT DU DIE ÖFFENTLICHEN VERKEHRSMITTEL?		
KAUFST DU SELTEN GETRÄNKEFLASCHEN UNTERWEGS?		
BENUTZT DU DEINE EIGENE TRINKFLASCHE?		
PACKST DU DIR BROTE FÜR UNTERWEGS EIN?		
HAST DU DEIN EIGENES BESTECK DABEI?		
HAST DU EIN STOFFTASCHENTUCH IN DEINER TASCHE?		
HAST DU EINE STOFFSERVIETTE IN DEINER TASCHE?		

Allein in der Bundeshauptstadt Berlin fallen pro Tag fast eine Million Coffee-to-go Einwegbecher an.

Du beim Lebensmitteleinkauf

WELCHE PRODUKTE WANDERN IN DEINEN WAGEN, UND WIE SHOPPST DU LEBENSMITTEL?

1. KREUZE AN

2. ZÄHLE: *Mit mehr Ja als Nein bist du schon recht nachhaltig unterwegs.*

	JA	NEIN
KAUFST DU SELTEN OBST BZW. GEMÜSE IN PLASTIKVERPACKUNGEN?		
MEIDEST DU DIE DÜNNEN PLASTIKTÜTEN?		
VERWENDEST DU GEMÜSENETZE BEIM EINKAUFEN?		
HAST DU EINEN EINKAUFSKORB/ EINE TASCHE DABEI?		
KAUFST DU SAISONAL & REGIONAL EIN?		
VERWENDEST DU HÄUFIG BIOPRODUKTE?		
GEHST DU IN UNVERPACKT-LÄDEN EINKAUFEN?		
UNTERSTÜTZT DU DEINEN HOFLADEN/MARKT UM DIE ECKE?		
VERWENDEST DU NUR SELTEN KONSERVENDOSEN?		
KAUFST DU PRODUKTE IM GLAS?		
VERWENDEST DU NUR SELTEN TIEFKÜHLPRODUKTE?		
KAUFST DU NUR MANCHMAL ODER NIE FERTIGE SALATE?		
KAUFST DU AB UND ZU FLUGWARE (AVOCADO, PAPAYA)?		
VERWENDEST DU NUR SELTEN CONVENIENCE-FOOD?		
MACHST DU VIELE PRODUKTE EINFACH SELBER?		
GEHST DU MIT EINEM BROTBEUTEL ZUM BÄCKER?		
GREIFST DU ZU MEHRWEGFLASCHEN?		
KAUFST DU WURST & KÄSE MIT EINEM BEHÄLTER EIN?		
KAUFST DU NUR SO VIEL EIN, WIE DU AUCH ESSEN KANNST?		
KAUFST DU AUCH OBST & GEMÜSE, DAS NICHT DER NORM ENTSPRICHT, SONDERN AUCH MAL KRUMM IST?		
KAUFST DU EHER SELTEN FLEISCH?		
KAUFST DU SELTEN MILCHPRODUKTE?		

Du in der Küche

WELCHE PRODUKTE KAUFST DU, UND WIE KOCHST DU?

1. KREUZE AN

2. ZÄHLE: *Mit mehr Ja als Nein bist du schon recht nachhaltig unterwegs.*

	JA	NEIN
KOMPOSTIERST DU DEINE BIOABFÄLLE?		
KAUFST DU NUR SO VIELE LEBENSMITTEL, WIE DU BENÖTIGST?		
REGROWST DU DEINE GEMÜSERESTE?		
KAUFST DU BIOLEBENSMITTEL?		
KAUFST DU SAISONAL & REGIONAL EIN?		
LAGERST DU DEINE LEBENSMITTEL SO, DASS SIE LANGE HALTEN?		
VERWERTEST DU ALL DEINE ESSENSRESTE?		
LANDEN BEI DIR NUR WENIGE LEBENSMITTEL IN DER TONNE?		
VERWENDEST DU NUR SELTEN KÜCHENTÜCHER AUS PAPIER?		
FRIERST DU IN BEHÄLTERN/GLÄSERN EIN?		
KAUFST DU NUR SELTEN TIEFKÜHLPRODUKTE?		
VERWENDEST DU KEIN BACKPAPIER, SONDERN EINE BACKMATTE (ODER FETTEST DAS BLECH EIN)?		
VERMEIDEST DU ALU-KAFFEEKAPSELN?		
VERWENDEST DU ANSTELLE VON ALUFOLIE BIENENWACHSTÜCHER ZUM ABDECKEN?		
VERZICHTEST DU AUF CONVENIENCE-PRODUKTE?		
VERWENDEST DU FOOD-CONTAINER/BOXEN FÜR DEIN ESSEN TO GO?		
TRINKST DU LEITUNGSWASSER?		

Du im Badezimmer

WELCHE PRODUKTE VERWENDEST DU, UND WIE PFLEGST DU DICH?

1. KREUZE AN

2. ZÄHLE: *Mit mehr Ja als Nein bist du schon recht nachhaltig unterwegs.*

	JA	NEIN
WÄSCHST DU DICH MIT STÜCKSEIFE STATT MIT DUSCHGEL AUS PLASTIKFLASCHEN?		
WÄSCHST DU DEINE HAARE MIT EINEM FESTEN SHAMPOO?		
BENUTZT DU EINEN RASIERHOBEL?		
VERWENDEST DU KOSMETIK OHNE MIKROPLASTIK?		
VERWENDEST DU VEGANE KOSMETIK?		
PUTZT DU DEINE ZÄHNE MIT EINER ZAHNBÜRSTE AUS HOLZ?		
VERWENDEST DU ZAHNSEIDE AUS MAISSEIDE?		
VERWENDEST DU OHRENSTÄBCHEN AUS PAPIER ODER BAMBUS?		
NIMMST DU WASCHBARE ABSCHMINKPADS?		
IST DEINE HAARBÜRSTE AUS HOLZ?		
SIND DEINE HANDTÜCHER AUS BIOSTOFFEN?		
IST DEINE ZAHNPASTA ÖKOLOGISCH?		
VERWENDEST DU ZAHNPUTZTABLETTEN?		
BENUTZT DU DEOCREME ODER FESTES DEO?		
BENUTZT DU BIO-DEO?		
VERWENDEST DU EIN PEELING OHNE MIKROPLASTIK?		
STOPPST DU DAS WASSER BEIM ZÄHNEPUTZEN UND EINSEIFEN?		
HAT DEIN DUSCHKOPF EINE WASSERSPARFUNKTION?		
REICHT DIR KALTES WASSER (ANSTELLE VON WARMEM) ZUM HÄNDEWASCHEN?		

Du beim Putzen

WELCHE PRODUKTE VERWENDEST DU, UND WIE PUTZT DU?

1. KREUZE AN

2. ZÄHLE: *Mit mehr Ja als Nein bist du schon recht nachhaltig unterwegs.*

	JA	NEIN
PUTZT DU MIT BIOLOGISCHEN REINIGERN?		
SIND DEINE REINIGER NUR SELTEN IN PLASTIKFLASCHEN?		
VERWENDEST DU SELBST GEMACHTE REINIGER?		
VERWENDEST DU ESSIGWASSER ZUM FENSTERPUTZEN?		
SIND DEINE LAPPEN OHNE SYNTHETIK?		
VERWENDEST DU WIEDERVERWENDBARE LAPPEN?		
VERZICHTEST DU AUF PAPIERKÜCHENTÜCHER?		
WÄSCHST DU GESCHIRR MIT EINEM BIOLOGISCHEN SPÜLMITTEL?		
VERZICHTEST DU AUF KLASSISCHE SPÜLSCHWÄMME?		
IST DEIN GESCHIRRSPÜLMITTEL LOSE – UND DAMIT OHNE MIKROPLASTIK?		
BENUTZT DU EIN SELBST GEMACHTES KLARSPÜLMITTEL?		
WÄSCHST DU DEINE WÄSCHE MIT ÖKOLOGISCHEM WASCHMITTEL?		
NUTZT DU KASTANIEN ODER EFEU ZUM WASCHEN?		
VERZICHTEST DU AUF WEICHSPÜLER?		
VERZICHTEST DU AUF EINEN TROCKNER?		
BRINGST DU DEINE KLEIDUNG NUR SELTEN IN DIE REINIGUNG?		

Du im Alltag

WIE LEBST DU?

1. KREUZE AN

2. ZÄHLE: *Mit mehr Ja als Nein bist du schon recht nachhaltig unterwegs.*

	JA	NEIN
VERZICHTEST DU AUF EINWEGBRILLENPUTZTÜCHER?		
VERZICHTEST DU AUF PAPIERSERVIETTEN?		
KAUFST DU DEIN EIS IN EINER WAFFEL?		
ACHTEST DU BEI DEINER KLEIDERWAHL AUF NACHHALTIGKEIT?		
NUTZT DU EINEN CARSHARING-DIENST?		
MIETEST DU GERÄTE, DAMIT DU SIE NICHT ZU KAUFEN BRAUCHST?		
WARST DU SCHON EINMAL IN EINEM REPAIR-CAFÉ?		
LEIHST DU DIR BÜCHER, ANSTATT SIE ZU KAUFEN?		
KAUFST DU MANCHE DINGE GEBRAUCHT?		
VERSCHENKST DU LIEBER DEINE ZEIT STATT IRGENDWELCHE DINGE?		
UND WENN DU GESCHENKE SCHENKST, VERWENDEST DU WIEDERVERWENDBARE VERPACKUNGEN ODER UNBEDRUCKTES PACKPAPIER?		
VERMEIDEST DU TEELICHTER?		
ACHTEST DU DARAUF, DASS DEINE KERZEN KEIN PALMÖL UND KEIN ERDÖL ENTHALTEN?		
VERWENDEST DU RECYCLINGPAPIER?		
VERWENDEST DU STIFTE ZUM NACHFÜLLEN?		
BENUTZT DU EIN FAIRPHONE?		
WENN DU EINEN HUND HAST: VERWENDEST DU NACHHALTIGE HUNDEKOTTÜTEN ANSTELLE DER PLASTIKVARIANTE?		

Brauchen wir das alles wirklich?

Viele Umweltprobleme sind erst durch unser Konsumverhalten entstanden. Deshalb stellen wir uns hier die Frage aller Fragen.

Wenn wir an die Wohnungen unserer Eltern denken, stellen wir fest, wie viele unnütze Dinge sie eigentlich besitzen; ein Sammelsurium an Gegenständen, die sie aufheben, weil sie sie irgendwann vielleicht noch einmal gebrauchen könnten. Doch was wäre, wenn dieser Fall tatsächlich einträte und das gesuchte Objekt nicht mehr existierte? Auch dann würde sich die Welt ganz sicher weiterdrehen, und eine andere Lösung würde sich finden – davon sind wir überzeugt. Wir müssen also nicht für jeden Was-wäre-wenn-Fall gerüstet sein und unsere Wohnung, unser Haus mit Dingen vollstopfen, die uns, wenn wir ehrlich sind, nicht glücklich machen und dazu noch wertvolle Energie rauben. Und alles nur für einen Eventualfall, der in der Regel sowieso nicht eintritt. Außerdem muss das, was da ist, von uns auch umsorgt werden – und sei es nur beim Staubwischen.

DIE FRAGE ALLER FRAGEN

Um dieser Unordnung und der Verschwendung von Ressourcen vorzubeugen, frage dich einfach vor der nächsten Shopping-Entscheidung: Wie wichtig ist dieses Produkt für mich? Brauche ich es wirklich? Denn mal ehrlich: Müssen der zehnte Teelichthalter oder die Nudelmaschine wirklich bei uns zu Hause einziehen? Du bist der Meinung, dass es ohne einfach nicht geht? Dann frage deine Familie, Freunde oder Nachbarn, ob sie dir damit aushelfen können. Wenn nicht, gibt es auch noch die Möglichkeit, Gegenstände für einen kurzen Zeitraum in Leihshops zu mieten. Dein Produkt gibt es dort nicht? Dann kaufe es dir. Je öfter du diesen Prüfungsprozess durchläufst, desto seltener wirst du Ja zum Kaufen sagen. Auf diese Weise entscheidest du dich gegen unnötigen Konsum, der ohnehin der Umwelt schadet. Aber warum ist das eigentlich so, fragst du dich jetzt?

NACHHALTIG SHOPPEN

Für jedes Produkt müssen große Mengen Wasser, Strom und Ressourcen zur Verfügung gestellt werden – Komponenten, die nicht unendlich auf unserer Erde verfügbar sind. Deshalb solltest du deinen Fokus auf eine nachhaltige Produktion richten. Denn hier wurde schon in der

Produktionskette auf Umweltverträglichkeit geachtet. Und vielleicht schaust du auch mal wieder zu Fuß in der kleinen Manufaktur vorbei, statt bei einem der großen Versender zu bestellen.

VOR JEDEM KAUF SOLLTEN WIR UNS DIE FRAGE STELLEN: BRAUCHEN WIR DAS WIRKLICH?

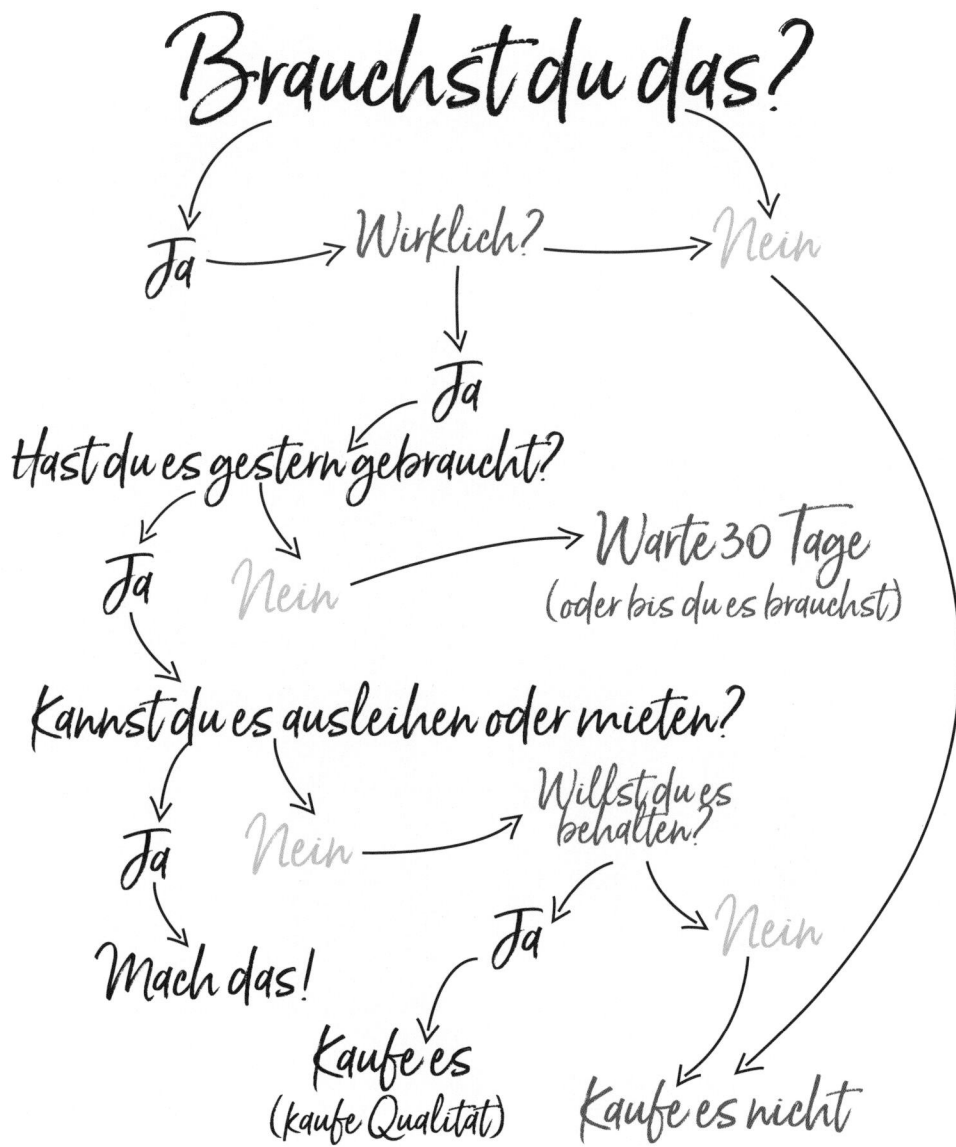

Brauchst du das?

Ja → Wirklich? → Nein

Ja

Hast du es gestern gebraucht?

Ja   Nein → Warte 30 Tage (oder bis du es brauchst)

Kannst du es ausleihen oder mieten?

Ja   Nein → Willst du es behalten?

Mach das!

Ja   Nein

Kaufe es (kaufe Qualität)   Kaufe es nicht

Kapitel I

My Green Kitchen

Auf den ersten Blick scheint das Thema Nachhaltigkeit in der Küche nicht gerade umfangreich zu sein – immerhin sind Nahrungsmittel an sich ja schon „grün", und das heißt in diesem Fall: organisch. Trotzdem gibt es viele Ansatzpunkte, um Abfall zu reduzieren und die Umwelt zu entlasten. Dafür musst du nicht dein ganzes Küchenleben umkrempeln; jedoch geht es darum, weniger, dafür aber geplanter und nachhaltiger einzukaufen, alles zu verwerten und möglichst wenig wegzuschmeißen.

Nachhaltig einkaufen im Supermarkt

Nicht jeder von uns hat einen Unverpackt-Laden oder einen Wochenmarkt in seiner Umgebung. Wie du trotzdem ökologisch einkaufen kannst, verraten wir dir hier.

Worauf du außerdem achten kannst:

Du glaubst, nachhaltig einkaufen im Supermarkt funktioniert nicht? Dann lass dich überraschen, was du alles dazu tun kannst. Hier sind unsere Tipps, wie du deinen Einkaufswagen umweltschonend füllen kannst.

MEHR AUFMERKSAMKEIT

Der erste Schritt beim Einkaufen: auf Verpackung und Herkunftsland achten. Obst und Gemüse kaufst du am besten lose oder mit einem Gemüsenetz ein. Sinnlose Mehrfachverpackungen, Ware in Plastiktüten (oft gibt es eine Variante, die in Karton verpackt ist) und Konserven bleiben im Regal. Produkte, die von weiter kommen, haben aufgrund ihrer Flugmeilen keine gute CO_2-Bilanz, deshalb kommen sie besser nicht oder nur ganz selten in deinen Einkaufskorb. Greife stattdessen lieber zu regionalen Produkten. So hilfst du nicht nur deinem Bauern um die Ecke, sondern auch der Umwelt, da die Transportwege deutlich kürzer sind.

Legst du dann auch noch biologisch produziertes Obst und Gemüse, Fleisch und Milchprodukte in deinen Einkaufswagen, reduziert sich die Umweltbelastung noch mehr. Zum Vergleich: Ein Kilogramm frisches, konventionell erzeugtes Gemüse produziert 150 kg CO_2, das ökologisch hergestellte 127 kg.

Bei tierischen Produkten erhöhen sich diese Zahlen deutlich: Ein Kilogramm Rindfleisch aus konventioneller Zucht verursacht 13.303 kg Treibhausgase, die gleiche Menge aus biologischer Haltung immerhin 11.371 kg. Grundsätzlich gilt also: Tierische Lebensmittel benötigen einen deutlich höheren Energieaufwand als pflanzliche und sorgen deshalb für eine schlechtere CO_2-Bilanz. Es ist also sinnvoll und nachhaltig, Fleisch möglichst selten auf den Teller zu bringen.

Kurz gesagt

AUF DIE HERKUNFT ACHTEN

WENIG VERPACKUNG

REGIONAL & SAISONAL

WENIGER TIERISCHE PRODUKTE

Konservendosen

Sie werden üblicherweise aus Aluminium oder Weißblech hergestellt, sind bei der Herstellung sehr energieaufwendig und können unter Umständen nicht vollständig recycelt werden.

Tetra Pak (Verbundkarton)

Tetra Pak für länger haltbare Produkte wie zum Beispiel passierte Tomaten enthält eine dünne Schicht Aluminium. Zur Herstellung müssen Ur- und Regenwälder abgeholzt werden, was das Klima weltweit belastet und die CO_2-Bilanz drastisch verschlechtert. Was außerdem problematisch ist: Ausgerechnet bei dieser Art von Verpackung wurde noch keine Methode gefunden, sie zu recyceln, sodass die Müllberge weiter wachsen.

Plastikverpackungen

Greife lieber zu frischen unverpackten Obstsorten als zu solchen, die von unnötiger Plastikverpackung umgeben sind. Brauchst du mehrere Stücke einer Sorte, sind Obst-/Gemüsenetze eine super Idee. Wenn du sie nach dem Einkaufen gleich wieder in deinen Einkaufskorb zurücklegst, hast du sie immer dabei, wenn du sie brauchst. Wusstest du, dass sich der Anteil an Kunststoffverpackungen zwischen 1995 und 2015 beinahe verdoppelt hat?

PET-Einwegflaschen

PET bedeutet Polyethylenterephthalat. Es ist ein Kunststoff, der zu den Polyesterarten gehört. Basis bei der Herstellung ist meistens Erdöl. In Deutschland wird nur etwa die Hälfte des Flaschen-PET recycelt, der Rest wird exportiert, vor allem nach Asien. Achtung: Nur weil auf den Flaschen Pfand ist, heißt das leider nicht, dass sie auch in den Mehrwegkreislauf zurückgeführt werden.

Palmöl

Um Platz für Palmölplantagen zu schaffen, werden die artenreichsten Ökosysteme der Erde abgeholzt. Gut sechs Millionen Tonnen des Öls importieren die EU-Länder pro Jahr, Deutschland mehr als eine Million Tonnen. Lies deshalb mal die Zusatzstoffe auf der Verpackung durch. Du wirst überrascht sein, wo überall Palmöl drinsteckt.

Lebensmittel aus Übersee

Entweder du verzichtest ganz auf sie oder kaufst diese Produkte nur ganz selten. Denn aufgrund des Transportweges verursachen sie viel CO_2. Das heißt, immer fragen, woher die Produkte kommen. Greife lieber zu einem Apfel aus deiner Region als zu einem aus Neuseeland.

Einwegglas

Einweg-Glasflaschen werden in Glashütten zu neuen Flaschen verarbeitet. Aufgrund der hohen Sammelquote und des technisch effizienten Recyclings werden zwar Rohstoffe (Quarz, Sand) eingespart, durch die einmalige Nutzung geht aber auch viel Energie verloren. Daher schneidet Einwegglas trotz Recycling ökologisch nicht gut ab. Aber Gläser haben wir doch eigentlich nie genug …

Wieso, weshalb, warum?

11 PRAKTISCHE TIPPS, DIE DIR BEIM LEBENSMITTEL-SHOPPING HELFEN.

1.

PASSIERTE TOMATEN IN DER GLASFLASCHE *statt im Tetra Pak*

In vielen Supermärkten und einigen Discountern findest du passierte Tomaten auch in Glasflaschen. Trotz der ungünstigen Ökobilanz (siehe Seite 29) solltest du hier zugreifen, da die Flaschen zum Glasrecycling gegeben und in neues Glas verwandelt werden können. Tetra Pak für länger haltbare Produkte wie passierte Tomaten enthält hingegen eine dünne Schicht Aluminium. Dieses wird zum Großteil aus dem Erz Bauxit gefertigt, einem Stoff, der mehrheitlich auf der südlichen Erdhalbkugel vorkommt. Um an diesen Stoff zu gelangen, müssen Ur- und Regenwälder abgeholzt werden, was unser Klima weltweit belastet. Zudem können diese Verpackungen bis heute nicht wiederaufbereitet und erneut verwertbar gemacht werden.

2.

KICHERERBSEN IM GLAS *statt in der Dose*

Konservendosen werden in der Regel aus Aluminium oder Weißblech hergestellt. Wie das mit dem Aluminium abläuft, hast du schon im Kasten nebenan gelesen. Aber für alle Dosen gilt: Sie sind bei der Herstellung sehr energieaufwendig und können unter Umständen nicht vollständig recycelt werden. Glas benötigt zwar viel Energie beim Recycling. Was jedoch dafür spricht, ist seine Wiederverwendbarkeit im Alltag. Nachdem dein Glas geleert ist, kannst du dort Fruchtaufstrich einkochen, Gewürze aufbewahren, damit basteln oder es einfach zum Einkaufen verwenden. Noch besser ist es, wenn du deine Kichererbsen unverpackt getrocknet kaufst und vor Gebrauch in Wasser einweichst.

3.

MILCH & SAHNE IN
MEHRWEGFLASCHEN *statt im Tetra Pak*

Sahne und Milch gibt es auch in Mehrwegflaschen, die du nach Gebrauch wieder abgeben kannst. Leider findest du diese Variante nicht in allen Discountern und Supermärkten. Gehe möglichst dort einkaufen, wo dieses Angebot besteht.

WAS MANCHMAL AUCH GEHT:
Die Milch direkt beim Bauern abfüllen lassen.

4.

BROT MIT EIGENEM BROTBEUTEL
KAUFEN *statt in der Papiertüte*

Was früher möglich war, funktioniert auch heute. Deshalb kannst du mit dem Brotbeutel zum Bäcker gehen und dir den Laib dort hineinlegen lassen. So sparst du unnötige Bäckertüten, die meist nach einmaliger Benutzung im Papiermüll enden. Wusstest du, dass fast 7 Milliarden Papiertüten jährlich in der Tonne landen?

5.

JOGHURT IN MEHRWEGGLÄSERN
statt im Becher

Joghurtbecher bestehen aus Kunststoff und einem Aluminiumdeckel – auf beides können wir getrost verzichten.
Greife daher lieber zu Joghurt in Mehrweggläsern. Aber Achtung: Nicht jedes Glas kannst du auch wieder abgeben. Deshalb vorher aufs Etikett schauen.

NOCH EINE ALTERNATIVE:
Selbermachen. Das Rezept findest du auf Seite 43.

6.

HONIG IM GLAS
statt im Plastikspender

Plastikspender gehören zu den Verpackungen, die du leicht durch eine Glasvariante ersetzen kannst.

Viele Imker nehmen ihre Gläser auch wieder zurück, sodass aus deinem Honigglas ein Mehrwegglas wird.

7.

KÄSE & WURST IN DER DOSE
statt in Plastik verpackt

In vielen Supermärkten kannst du mit deinen eigenen Behältern Wurst und Käse kaufen. Also schnapp dir deine Dose und frage an der Theke einfach mal nach – auch dort geht's meistens plastikfrei. Am einfachsten klappt das übrigens bei deinem Metzger um die Ecke. Hier weißt du auch gleich, wo das Tier herkommt und wie es gehalten wurde.

HINTERGRUNDINFO:
Das Umweltbundesamt (UBA) hat errechnet, dass sich der Anteil an Kunststoffverpackungen zwischen 1995 und 2015 fast verdoppelt hat.

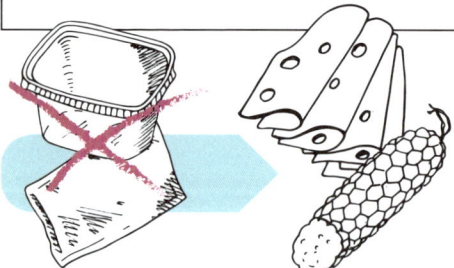

8.

EIER VOM BAUERN
Dort sind sie am frischesten, und der Transportweg ist praktisch gleich null. Wenn kein landwirtschaftlicher Betrieb in der Nähe ist, kannst du mithilfe des Eiercodes feststellen, woher die Eier stammen. Er ist auf jedem Ei aufgedruckt.

1. ZIFFER DES HALTUNGSSYSTEMS
0 = Ökologische Erzeugung
1 = Freilandhaltung
2 = Bodenhaltung

2. LÄNDERCODE (HERKUNFT)
Zwei Buchstaben für den EU-Mitgliedstaat, in dem das Ei produziert wurde:
AT = Österreich
BE = Belgien
DE = Deutschland
NL = Niederlande

3. BETRIEBSNUMMER
Jeder Mitgliedstaat hat ein System eingerichtet, mit dem Erzeugerbetrieben eine individuelle Nummer zugewiesen wird. Die ersten beiden Stellen der Betriebsnummer stehen für das Bundesland, zum Beispiel
01 = Schleswig-Holstein,
02 = Hamburg.

ALLE INFORMATIONEN UNTER:

www.mein-bauernhof.de

Hier findest du auch frische Eier bei dir um die Ecke.

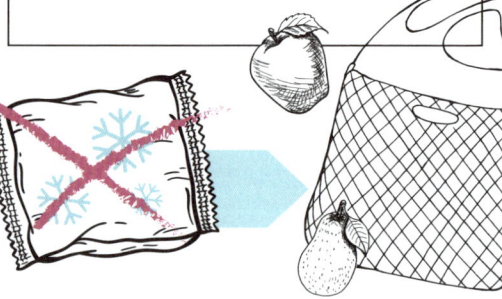

9.

FRISCHE OBSTSORTEN IM GEMÜSEBEUTEL
statt in der Plastikverpackung oder eingefroren

Greife lieber zu frischen unverpackten Obstsorten als zu solchen, die von unnötiger Plastikverpackung umgeben sind. Brauchst du mehrere Stück einer Sorte, sind Obst-/Gemüsenetze eine super Idee.

GEFROREN ODER FRISCH?
Umwelttechnisch ist es besser, frische Obst- und Gemüsesorten zu kaufen. Zum Einfrieren wurde Energie verbraucht, und verpackt ist es auch. Mit der Unverpackt-Variante sparst du Energie und Verpackungsmüll.

10.

SÄFTE IN MEHRWEGFLASCHEN
statt in Einweg-PET oder Tetra Pack

Das sagt das Umweltbundesamt: „Mehrwegflaschen sind umweltfreundlicher als Einwegflaschen. Der Energie- und Ressourcenverbrauch für Rücktransport und Reinigung ist bei Mehrwegflaschen geringer als der zusätzliche Herstellungsaufwand für Einwegflaschen. Dies gilt umso mehr, je regionaler der Vertrieb und je höher die Zahl der Wiederbefüllungen sind." Das heißt im Klartext: Kaufe Säfte aus deiner Region, und zwar in Mehrwegflaschen.

11.

LOSER TEE
statt Teebeutel

Viele Teebeutel enthalten tatsächlich Plastik und Mikroplastik. Der hitzeresistente Kunststoff Polypropylen sorgt zwar dafür, dass sich die Beutel im heißen Wasser nicht auflösen, aber leider auch für Plastikmüll. Manche Hersteller schreiben auf dem Etikett im Kleingedruckten, dass die Beutel biologisch abbaubar bzw. kompostierbar sind, bei anderen müsstest du erst nachfragen, um das herauszubekommen. Am einfachsten ist es daher, wenn du deinen Tee lose kaufst. Das geht in einigen Supermärkten, Teegeschäften oder im Unverpackt-Laden.

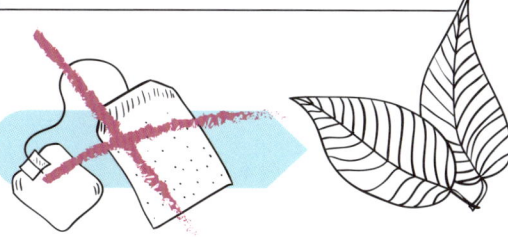

Im Supermarkt

NIMM LIEBER ... STATT

SENF IM GLAS   TUBE

KETCHUP IN DER GLASFLASCHE   PLASTIKFLASCHE

GEWÜRZE IM GLAS   TÜTE

SALZ IM KARTON ODER GLAS   FOLIE

HOLZZAHNBÜRSTE   PLASTIKZAHNBÜRSTE

OBST/GEMÜSE, LOSE   VERPACKT

LINSEN IN PAPPVERPACKUNG   PLASTIKTÜTE

COUSCOUS IN PAPPVERPACKUNG   PLASTIKTÜTE

ZUCKERRÜBENSIRUP IM GLAS   PLASTIKBECHER

PASTA IM KARTON *(oder selbst gemacht)*   PLASTIKTÜTE

WASCHMITTEL IM KARTON   KUNSTSTOFFVERPACKUNG

PAPIERWATTESTÄBCHEN   **PLASTIKSTÄBCHEN**

CREME IM GLASTIEGEL   **KUNSTSTOFFVERPACKUNG**

LOSE SEIFE   **SHAMPOO ODER DUSCHGEL**

SCHOKOCREME IM GLAS *(ohne Palmöl)*   **SCHOKOCREME IM PLASTIKBECHER**

KAFFEEBOHNEN   **KAFFEEKAPSELN**

KARTOFFELN LOSE ODER IN PAPIERVERPACKUNG   **KARTOFFELN IM NETZ**

12.

SAISONAL UND REGIONAL

statt aus Übersee mit Schiff oder Flugzeug transportiert

Obst und Gemüse gibt es in jedem Supermarkt das ganze Jahr über. Längst nicht alles hat aber immer Saison und wird deshalb zum Teil aus Übersee mit Schiff oder Flugzeug transportiert – das sollten wir nicht unterstützen. Beim Einkauf auf saisonale Produkte zu achten, ist nicht schwer. Wir nutzen übrigens die App des Bundeszentrums für Ernährung (BZfE), wenn wir uns nicht sicher sind, ob das Produkt tatsächlich Saison hat oder nicht.

Bezüglich der Herkunft solltest du ebenfalls genau hinschauen: Bei exotischen Früchten lohnt sich immer der Blick aufs Herkunftsland: Zitronen, Apfelsinen oder Melonen aus Europa haben kürzere Transportwege und somit meist eine bessere Ökobilanz als Obst aus Übersee. Wenn es im Supermarkt aber heißt „Aus der Region", muss das nicht immer vom Bauern um die Ecke sein. Der Begriff Region ist nämlich nicht gesetzlich geschützt. Achte deshalb auf konkrete Angaben wie Hessen, Uckermark oder Unterfranken. Bei Kartoffeln, Erdbeeren & Co., also unverarbeiteten Produkten, sollte der Erzeuger am besten mitsamt Adresse oder zumindest definierter Region angegeben sein.

Unverpackt einkaufen
So geht's

BRINGE DEINE VERPACKUNG SELBST MIT

Schnapp dir Gläser oder andere Gefäße und gehe damit in einen Unverpackt-Laden. Dort wiegst du als Erstes deine Behälter und notierst das Gewicht, dann geht's auch schon los. Was du brauchst, füllst du dir einfach ab. Das kann von Nudeln, Linsen, Couscous über Kakao und Kaffee bis zu Soda und Natron fast alles sein. An der Kasse wird erneut gewogen, das Gewicht deines Glases abgezogen, und du bezahlst deinen Einkauf. Manchmal werden dir deine Gläser auch abgenommen, und das Personal füllt für dich ab.

FÜR SPONTANE ODER ERSTTÄTER:

Oft gibt es in den Unverpackt-Läden Gläser oder Flaschen, die du verwenden kannst.

Du weißt nicht, ob ein Unverpackt-Laden in deiner Nähe ist? Hier findest du eine Übersicht:

www.wastelandrebel.com/de/liste-unverpackt-laeden/

Das brauchst du für deinen
Unverpackt-Einkauf

Gläser

Flaschen

Dosen

Korb oder Kiste

Beutel und
Netze

Zu Gast bei:

gramm.genau
Der Unverpackt-Laden in Frankfurt am Main

Einst waren es nur einzelne, jetzt eröffnen immer mehr verpackungsfreie Läden. Doch ganz neu ist die Idee nicht. Denn damals, in den Tante-Emma-Läden, war das unverpackte Einkaufen gang und gäbe. Die nette Verkäuferin mit Schürze schüttete mit einer großen Metallschaufel Mehl, Zucker und Salz aus Schubladen in braune Spitztüten oder füllte Essig aus dem Fass in mitgebrachte Flaschen. Bei gramm.genau in Frankfurt am Main ist das genauso. Du erhältst viele Trockenwaren wie Linsen, Nudeln, Tee, Kakao, Nüsse, aber auch Flüssiges wie Öle und verschiedene Essigsorten. Du kannst Seifen fürs Badezimmer kaufen und dich für die nächste Putzaktion eindecken, denn Natron und Zitronensäure bekommst du hier ebenfalls.

IM HERZEN FRANKFURTS

gramm.genau verkauft nicht nur ganz nachhaltig unverpackte Produkte. Im Laden findest du auch liebevoll selbst genähte Hemden-Kissen, recycelte Möbelstücke und upgecycelte Lampengläser.

Wir haben Franziska, Jenny und Christine von gramm.genau besucht und ihnen einige Fragen gestellt:

WARUM FÜLLT MAN BEI EUCH NICHT SELBER AB, SONDERN GIBT SEINE BESTELLUNG MITSAMT GLÄSERN AN DER THEKE AB?

Das hat verschiedene Gründe. Einer davon ist, dass wir Möglichkeiten schaffen wollten, sich bei uns auch zu treffen und auszutauschen. Daher haben wir uns für ein Café mit Tischen und Stühlen entschieden. Doch damit hatten wir nicht mehr genug Platz, um die Wände mit den klassischen Spendern zu bestücken. Ein anderer Grund waren die Kosten. Die Warenspender werden aus Glas und Holz gefertigt und kosten pro Stück zwischen 200 und 300 Euro – da kommt einiges zusammen, wenn man möglichst viele unterschiedliche Produkte anbieten möchte.

WIE SEID IHR ZU EUREM WEISSBLECH-TONNEN-ABFÜLLSYSTEM GEKOMMEN?

Wir hatten ja schon unsere Abfüll-strukturen mit den Weißblechtonnen. Unverpackt zu verkaufen, war also kein Neuland mehr für uns. Auch deshalb erschien es uns sinnvoller, bei diesem Abfüllsystem zu bleiben. So müssen wir während des laufenden Betriebs nicht immer wieder die Spender mit den schweren 25-kg-Säcken auffüllen. Das müsste ja alles einzeln mit den Schäufelchen geschehen – und das kann ganz schön lange dauern. Außerdem, was mir auch schon oft in anderen Unverpackt-Läden passiert ist, geht beim Selbsteinfüllen schon mal was daneben. Es ist aber doch schade, wenn

bei fast jeder Bestellung 10 Gramm verloren gehen – das ist wirtschaftlich gesehen nicht gut und außerdem eine Lebensmittelverschwendung. Denn die heruntergefallenen Produkte dürfen nicht mehr verkauft werden, sondern landen sämtlich im Mülleimer.

WAS SAGEN EURE KUNDEN ZU EUREM ABFÜLLKONZEPT?

Da haben wir uns tatsächlich am Anfang ziemlich gestresst und gedacht: Oh Gott, wir sind nicht so schnell wie die anderen! Denn eigentlich ist man es ja gewöhnt, dass man in den Super-markt geht und nach fünf Minuten wieder draußen ist. Aber die ganzen Leute, die ihr jetzt hier seht, die setzen sich dann einfach hin und gucken ein bisschen. Bei uns einzukaufen, ist tatsächlich eine Art von Entschleuni-gung. Den Kunden ist es nämlich gar nicht so wichtig, dass alles ganz fix geht. Und wenn man es doch mal eilig hat, kann man morgens die Gläser vorbeibringen, und bis zum Mittag oder Nachmittag haben wir sie befüllt. Oder man bestellt online, zahlt zusätzlich noch Glaspfand, und wir liefern die Ware aus.

WELCHES PRODUKT VERKAUFT SICH DENN BESONDERS GUT?

Ganz klar: Haferflocken. Da kommen manche Kunden mit so riesigen Behältern, dass uns die Flocken auch schon mal ausgegangen sind.

www.grammgenau.de

Homemade
statt Shopping

*Mit diesen Rezepten ersetzen wir teure Supermarktprodukte
einfach durch natürliche Alternativen.*

JOGHURT SELBER MACHEN
3 EL Joghurt, 1 l frische Milch

Erwärme die Milch auf ca. 45 Grad und gib den Joghurt mit dazu. Gut verrühren und in Gläser füllen. Dann schnell in ein warmes Tuch einpacken und ab ins Bett damit. Nach 10 Stunden kann der Joghurt in den Kühlschrank gestellt werden. Dort wird er dann auch noch fester.

HAFERDRINK
80 g Haferflocken, 1 EL Rohrzucker, eine Prise Salz, 1 l Wasser

Haferflocken, Rohrohrzucker und eine Prise Salz in eine Pfanne geben. Alles leicht anrösten, bis ein zarter Haferflockenduft entsteht. Nun das Ganze in eine Schüssel füllen, 1 l Wasser hinzufügen und so kräftig pürieren wie möglich. Am besten eignet sich dafür ein Mixer, mit einem Pürierstab dauert es noch etwas länger und wird nicht ganz so fein. Jetzt den Haferdrink durch einen Nussmilchbeutel passieren, und schon kann er in Flaschen abgefüllt werden.

HALTBARKEIT: ca. 3–5 Tage

HUMMUS
1 Glas Kichererbsen, 1 Knoblauchzehe, etwas Salz, einen Spritzer Zitrone, etwas Kreuzkümmel, etwas Koriander

Gib die Kichererbsen in ein Sieb, fange das Aquafaba (das ist das Kichererbsenwasser) auf (du kannst daraus veganen Eischnee machen) und spüle die Erbsen mit ordentlich Wasser ab. Schüttle das Sieb, damit das überschüssige Wasser abtropft, und gib die Kichererbsen mit den anderen Zutaten in den Mixer. Schalte dein Gerät auf die höchste Stufe. Damit der Hummus schön cremig wird, gibst du bei Bedarf noch etwas Wasser dazu.

UNSER TIPP: Rühre zum Schluss Kräuter wie frischen Koriander oder Petersilie darunter. Liebst du Rote Bete? Dann kannst du noch eine gekochte Knolle mit dazugeben.

SALZGEMÜSE = GEMÜSEBRÜHE
2-3 kg Gemüse und Kräuter (z.B. Sellerie mit Grün, Porree, Karotten, Zwiebeln, Liebstöckel und Petersilie), 500 g Salz

Hacke alles ganz klein und füge 500 g Salz zu. Über Nacht ziehen lassen. Am nächsten Tag einmal gut durchrühren und luftdicht in Gläser abfüllen.

Meal Prep: Clever vorbereiten

Was werde ich kochen? Was habe ich vorrätig? Was kaufe ich ein? – Mit „Meal Prepping" kannst du ökonomisch und nachhaltig in der Küche wirtschaften.

Es geht ganz schön viel Zeit drauf fürs tägliche Einkaufen und Kochen, egal, ob man nur für sich alleine verantwortlich ist oder auch für den Partner und vielleicht auch noch für Kinder. Wenn es dann schnell gehen muss, greift man auch mal zu Pizza, Müsliriegel oder anderem Fast Food. Mit Meal Prepping, dem geplanten Vorkochen, passiert das viel seltener, weil du dein Essen immer schon vorrätig hast.

SO FUNKTIONIERT'S

Zubereitet und vorgekocht wird an jeweils einem festgelegten Tag in der Woche. Dabei machst du dann gleich eine so große Menge, dass es nicht nur für eine Mahlzeit reicht, sondern für mehrere. Das erfordert zwar einmal etwas mehr Zeit, dafür musst du dich in den folgenden Tagen aber nicht mehr ums Planen, Einkaufen und Zubereiten deiner Mahlzeiten kümmern.

Es gibt fürs Meal preppen 3 verschiedene Methoden:

1.
GROSSE MENGEN

Ein Gericht wird in großen Mengen für mehrere Tage zubereitet und portioniert aufbewahrt. Das geht z. B. bei Suppe sehr gut. Damit das Essen nicht langweilig wird, kannst du bei den Suppeneinlagen variieren oder auch mal ein Stück Brot dazu essen.

2.
ZUTATEN SEPARIEREN

Bei dieser Methode werden die einzelnen Zutaten zubereitet, getrennt voneinander aufbewahrt und zu jeweils individuellen Gerichten zusammengestellt. Unter anderem lassen sich Müsli oder Salate auf diese Weise gut vorbereiten.

3.
VERSCHIEDENE GERICHTE

Bei der dritten und beliebtesten Variante werden aus den gleichen (Haupt-)Zutaten ganz unterschiedliche Mahlzeiten zubereitet. Diese Vorgehensweise passt z. B. gut für Pastarezepte vom Auflauf bis zum Nudelsalat.

Sauberkeit ist wichtig

Der Arbeitsplatz – insbesondere Schneidebretter und Messer – muss stets sauber gehalten werden. Niemals sollte ein Schneidebrett gleichzeitig für Fleisch und roh verzehrte Zutaten verwendet werden. Denn dann können Bakterien oder Verunreinigungen auf das Essen gelangen, das nicht erhitzt wird, und die Übertragung und das Wachstum von krank machenden Bakterien begünstigen.

Seitdem wir mealpreppen, leben wir gesundheitsbewusster, weil wir uns vorher überlegen, was es zu essen geben soll und dadurch automatisch nicht mehr so viel naschen. Durch das einmalige Vorkochen sparen wir Zeit und Geld, ganz zu schweigen von den kaum noch vorhandenen Lebensmittelresten. Und weil wir nicht mehr alle paar Tage zum Einkaufen müssen – womöglich noch mit dem Auto – ist Meal Prep auch eine nachhaltige Angelegenheit.

Das A und O dafür sind eine gute Vorbereitung, ein Wochenplan und eine Einkaufsliste. Überlege deshalb, was du im Haus hast, das verarbeitet werden muss, und welche Obst- und Gemüsesorten gerade Saison haben.

ESSENSPLAN ERSTELLEN

… einen individuellen Essensplan für mehrere Tage festlegen (welche Mahlzeiten für wie viele Tage möchtest du vorbereiten?)

EINKAUFSLISTE SCHREIBEN

… eine darauf abgestimmte Einkaufsliste schreiben und dich beim Einkaufen daran halten

ZEIT HABEN

… den passenden Tag fürs Zubereiten und Kochen der vorher festgelegten Rezepte wählen, damit kein zu großer Zeitdruck entsteht

Noch ein paar Tipps für den Start

EINFACH & LECKER

Bereite nur das vor, was dir auch wirklich schmeckt. Es müssen nicht jedes Mal andere, neue oder komplizierte Gerichte ausprobiert werden – Hauptsache, das Prepping erleichtert dir den Alltag und hilft dir dabei, gesund und frisch zu essen.

VERPACKEN

Achte darauf, alle Speisen sicher und luftdicht zu verpacken und Festes (Nudeln, Salat, Reis etc.) von Flüssigem (Soßen, Gulasch etc.) zu trennen, damit dein Gericht auch nach ein paar Tagen noch lecker, appetitlich und genießbar ist.

FLEISCH & FISCH

Insbesondere Fleisch und Fisch nur komplett durchgegart für mehrere Tage lagern.

VORBEREITEN

Gerade dann, wenn Speisen für eine ganze Woche vorbereitet werden, kann es in der Küche hoch hergehen. Chaos sollte man aber auch bei längeren Vorbereitungsarbeiten möglichst nicht aufkommen lassen. In einer unaufge-räumten und unsortierten Küche macht

Meal Prepping nämlich weit weniger Spaß und dauert außerdem deutlich länger.

UTENSILIEN BEREITSTELLEN

Also besser alle Zutaten und benötigten Utensilien bereitstellen, bevor es mit dem Kochen losgeht. So ist alles bei Bedarf griffbereit und zeitraubendes Suchen während des Kochens entfällt.

AUF DIE MENGE ACHTEN

Gerade anfangs kann es passieren, dass die Essensportionen zu groß ausfallen. Um zu vermeiden, dass übrig gebliebene Lebensmittel dann in der Tonne landen, ist es gerade für Meal-Prep-Anfänger sinnvoll, einzelne Produkte gleich für mehrere Gerichte zu verwenden. Das reduziert nicht nur den Zeitaufwand beim Kochen, sondern macht auch die Resteverwertung besonders einfach: Große Portionen Reis oder gegartes Gemüse können einfach getrennt aufbewahrt werden und damit gleich für mehrere Gerichte beispielsweise als Beilage dienen. Übrig Gebliebenes kannst du außerdem portionsweise einfrieren.

Frühstück
Dein Wochenplan

Wenn du mit Meal Prepping anfängst, ist das Frühstück, zum Beispiel mit Müsli, ein guter Einstieg. Eine Müslimischung mit Nüssen, getrockneten Früchten und verschiedenen Saaten ist schnell zusammengemischt. In einem Glas mit Schraubverschluss oder einem Steingutgefäß mit Deckel ist es gut aufgehoben und kann jeden Morgen einfach mit etwas warmer — so kannst du auch ein Porridge machen — oder kalter Milch oder Obstsaft übergossen werden. Aus der Müslimischung werden mit einigen zusätzlichen Zutaten leckeres Granola oder Müsliriegel hergestellt — ideale kleine Zwischenmahlzeiten für Schule, Uni oder Arbeit.

Apropos Milch: Kuhmilch schmeckt gut, und man kann sie vielseitig verwenden, Kühe produzieren aber jede Menge Methangas, was stärker wirkt als CO_2 und das Klima belastet. Wenn du auf die Frühstücksmilch verzichten willst, wähle alternativ eine Pflanzenmilch aus. Die kannst du außerdem auch einfach selber machen.

Müsli-Frühstück

EINKAUFSLISTE

600 g kernige oder grobe Haferflocken
250 g Dinkelkleie
300 g gemischte Nüsse
300 g Trockenfrüchte, zum Beispiel
Cranberrys, Pflaumen, Aprikosen, Kirschen
(du kannst heimische Früchte auch selbst trocknen)
200 g gemischte Saaten, zum Beispiel
Sonnenblumenkerne, Kürbiskerne,
Leinsamen
300 g Honig, flüssig
2 l Milch, Pflanzendrink oder Fruchtsaft
(achte bei allen Zutaten auf das Herkunftsland)

GRUNDREZEPT MÜSLIMISCHUNG

Haferflocken und Dinkelkleie mischen, Nüsse hacken, Trockenfrüchte klein schneiden und beides mit der Saatenmischung zur Haferflocken-Dinkelkleie-Mischung geben. In einem Glas mit Schraubverschluss aufbewahren. Morgens gibst du 3–4 Esslöffel deiner Mischung in eine Schale. Süßen kannst du mit Honig oder Zuckerrübenzucker aus Deutschland, dazu gibt's Milch, einen Pflanzendrink oder Joghurt.

VARIANTE GRANOLA

Für ein knuspriges Granola vermischst du die Müslizutaten mit 200 g erwärmtem Honig und 150 ml Sonnenblumenöl. Anschließend alles auf ein Backblech streichen und bei 160 Grad im vorgeheizten Ofen etwa 20 Minuten backen. Erkalten lassen, in Stücke brechen und luftdicht in Dose oder Glas aufbewahren.

Hauptmahlzeit
3-Tages-Plan

Bei der Hauptmahlzeit beginnst du am besten in kleineren Schritten und bereitest zunächst Essen für drei Tage vor. Supergut gelingt dir das zum Einstieg mit verschiedenen Nudelgerichten. Du kannst eine große Menge Nudeln kochen und aus der ersten Portion Penne Arrabiata zaubern, aus der zweiten einen Nudelsalat zubereiten und aus der dritten einen leckeren Auflauf herstellen.

EINKAUFSLISTE FÜR 2 PERSONEN

750 g Penne
3 Zwiebeln
4 Knoblauchzehen
1 Chilischote
Olivenöl
Tomatenmark
700 g Tomaten
150 g Parmesan
Basilikum
80 g getrocknete Tomaten
80 g Basilikumpesto
Petersilie
200 g Spinat (TK)
Sherry
Weißwein
Muskatnuss
100 g Speisequark
100 ml Sahne
80 g Schafskäse

PENNE ALL' ARRABIATA

1 Zwiebel, 2 Knoblauchzehen, 1 Chilischote, 1 EL Olivenöl, 1 EL Tomatenmark, 400 g Tomaten, gehackt, Salz, Pfeffer, 250 g Penne, fertig gegart, 50 g Parmesan, Basilikum

Zwiebeln und Knoblauch abziehen und beides fein hacken. Die Chilischote abwaschen, die Kerne entfernen und die Frucht sehr fein würfeln. Olivenöl in einer Pfanne erhitzen und Zwiebeln, Knoblauch und Chili anbraten. Nach etwa 5 Minuten das Tomatenmark unterrühren und kurz mitrösten. Die gehackten Tomaten zugeben und alles 15 Minuten ohne Deckel bei mittlerer Hitze köcheln lassen. Die Soße mit Salz und Pfeffer abschmecken, unter die Nudeln heben und vor dem Essen in der Mikrowelle oder auf dem Herd erwärmen. Mit Parmesan bestreuen und mit Basilikumblättchen garnieren.

SPINAT-KÄSE-AUFLAUF

200 g Spinat, 200 g Tomaten, gehackt, Salz, Pfeffer, 1 Prise Zucker, 1 kleine Zwiebel, 1 Knoblauchzehe, 1 EL Olivenöl, 1 EL Sherry, 2 EL Weißwein, Muskatnuss, 100 g Speisequark, 100 ml Sahne, 80 g Schafskäse, 250 g Penne, fertig gegart, 50 g geriebener Käse, Fett für die Form, eventuell etwas Gemüsebrühe

Spinat putzen, waschen und in wenig Wasser 3 Minuten köcheln. Eine Auflaufform einfetten und die Tomaten darin verteilen. Mit Salz, Pfeffer und Zucker würzen. Zwiebeln und Knoblauch abziehen, fein hacken und im heißen Olivenöl anschwitzen. Mit Sherry ablöschen. Spinat leicht ausdrücken, dazugeben, etwas köcheln lassen. Weißwein zugießen, mit Salz, Pfeffer und Muskat würzen, eventuell noch etwas Gemüsebrühe aufgießen, falls es zu wenig Flüssigkeit ist. Quark, Sahne und zerbröselten Schafskäse mischen, mit Salz würzen. Nudeln, Spinat und die Schafskäse-Mischung sorgfältig vermengen und in die Auflaufform geben. Mit geriebenem Käse bestreuen und im vorgeheizten Ofen bei 180 Grad etwa 40 Minuten backen.

NUDELSALAT MEDITERRAN

80 g getrocknete Tomaten, 80 g Basilikumpesto, 250 g Penne, fertig gegart, Salz, Pfeffer, Pecorino zum Bestreuen, 1 EL gehackte Petersilie, Basilikumblättchen und 1 Tomate, geviertelt, zum Garnieren

Die getrockneten Tomaten fein schneiden und mit dem Basilikumpesto mischen. Zu den Nudeln geben und alles sehr gut vermengen. Mit Salz und Pfeffer abschmecken. Vor dem Essen nach Belieben mit Pecorino bestreuen, mit gehackter Petersilie, Basilikum und Tomatenvierteln garnieren.

Portionen pro Person

SUPPE ALS HAUPTGERICHT	0,5 l
FLEISCH	100–150 g
HACKFLEISCH	100–125 g
FISCHFILET	150–200 g
GEMÜSE	200–250 g
GEMÜSE ALS ROHSALAT	100–150 g
KARTOFFELN	200–250 g
TEIGWAREN HAUPTGERICHT	60–100 g
TEIGWAREN SUPPENEINLAGE	15 g
OBST	125–250 g

Zu Gast bei:
Veronika Pichl

Happy Fit Food heißt Veronikas Blog. Auch in der eigenen Küche sind Zero Waste und Meal Prepping angesagt.

Ich hatte das Thema schon über längere Zeit in den sozialen Medien, hauptsächlich Instagram, verfolgt. Dort haben meist Fitnessblogger aus den USA Fotos zu ihren Gerichten gepostet, die sie für mehrere Tage vorbereitet haben. Für sie war es wichtig, ihre Mahlzeiten mit den richtigen Makronährstoffen zuzubereiten, beispielsweise sehr proteinreich oder mit einer bestimmten Menge an Kohlenhydraten. Es wurde sehr oft nur einmal gekocht und die gleiche Mahlzeiten-Zusammensetzung für fünf Tage in Aufbewahrungsbehälter geschichtet, zum Beispiel Fleisch, Bohnen, Reis. Das hat mir vom Ansatz her sehr gut gefallen. Seit etwa 2016 führe ich Meal Prep regelmäßig selbst durch, habe viel ausprobiert und rumexperimentiert. Ich wollte den Speiseplan aber abwechslungsreicher gestalten und nicht fünfmal pro Woche das gleiche Essen auftischen. Die Hauptvorteile von Meal Prep bleiben ja trotzdem erhalten, denn das Zusammenlegen von vorbereitenden Arbeiten, zum Beispiel das Schnibbeln von Gemüse oder das Ausnutzen von Herd und Backofen zur parallelen Zubereitung von unterschiedlichen Speisen, ist eine gute Zeitersparnis.

Wochenplan und Einkaufsliste sind die Grundvoraussetzungen für Meal Prep. Außerdem spart man auch noch Geld und reduziert die Umweltbelastung, weil deutlich weniger oder gar keine Lebensmittel mehr übrig bleiben und verderben.

UND WANN IST DEIN MEAL-PREP-TAG?

Je nachdem, wie viel Zeit unter der Woche für frisches Kochen vorhanden ist, preppe ich meist am Sonntag mehr oder weniger für die Woche vor. Außerdem lege ich oft mittwochs noch einen Zwischen-Prep-Tag für die restlichen Wochentage ein. Mit Meal Prep komme ich viel strukturierter und stressfreier durch die Woche, schließlich ist das Essen bereits griffbereit im Kühlschrank und ich muss an besonders hektischen Tagen nicht auch noch unter Zeitdruck kochen, um für die Familie in kürzester Zeit etwas Essbares auf den Tisch zu stellen.

ICH MERKE SCHON, DU BIST MIT GROSSER LEIDENSCHAFT DABEI …

Es macht mir Spaß, mit meiner Familie Essenspläne zusammenzustellen. Durch das selbst zubereitete Essen weiß ich genau, was in den Speisen enthalten ist. Unsere Ernährung ist viel natürlicher, kaum Fertiggerichte, keine Geschmacksverstärker und Zusatzstoffe, und wir essen auch zuckerärmer, weil man süße Snacks wie zum beispielsweise Energiebällchen ohne Zucker sehr gut vorbereiten kann.

ALSO KANN MAN MEAL PREP NICHT NUR ALS SINGLE, SONDERN AUCH IN GRÖSSEREN HAUSHALTEN DURCHZIEHEN?

Meal Prep ist eigentlich für jeden geeignet. Schließlich kommen eine gesunde, ausgewogene Ernährung und weniger Kochstress jedem zugute – ganz gleich, ob beim Kochen für einen Einpersonenhaushalt oder eine Familie, zur Unterstützung sportlicher Ziele oder im Rahmen einer bestimmten Ernährungsweise (Clean Eating etc.).

WAS IST AUS DEINER SICHT DIE GRÖSSTE HERAUSFORDERUNG BEI DER ESSENS-ZUBEREITUNG FÜR MEHRERE TAGE ODER GAR EINE WOCHE, UND WO SIEHST DU SCHWIERIGKEITEN?

Für Meal-Prep-Einsteiger empfiehlt es sich, erst einmal mit nur einer Mahlzeit zu starten. Je nachdem, wofür im Alltag normalerweise am wenigsten Zeit zur Verfügung steht, kann das das Frühstück, Mittag- oder auch Abendessen sein. Außerdem sollte man nicht mit ausschließlich neuen und zudem komplexen Rezepten mit unbekannten Zutaten oder komplizierten Zubereitungsarten beginnen. Denn dann ist die Gefahr von Enttäuschungen und gleich mehreren weniger gelungenen Mahlzeiten einfach zu groß – und es wäre schade um die investierte Zeit und die Lebensmittel. Besser ist es, sich stattdessen für maximal ein komplexeres und mehrere einfache Gerichte mit ähnlichen Zutaten zu entscheiden. So nimmt die Vorbereitungszeit der Gerichte am Anfang weniger Zeit in Anspruch, führt aber gleich zum Erfolg. Hat man sich dann erst einmal an das Vorkochen auch größerer Portionen und die übrigen Meal-Prep-Abläufe gewöhnt, können nach und nach komplizierte Rezepte ins Repertoire aufgenommen werden. Auf den Punkt gebracht: Wenn du gut planst und dich richtig einschätzen kannst, wird Meal-preppen dich bald begeistern.

WAS SIND DIE BESTEN LEBENSMITTEL FÜRS MEAL PREPPING, MIT DENEN MAN AM MEISTEN ANSTELLEN KANN? GIBT ES EIN BASISSORTIMENT?

Als Basissortiment eignen sich besonders haltbare Lebensmittel, die man leicht weiterverarbeiten kann, wie zum Beispiel

- Haferflocken, Reis, Quinoa
- Hülsenfrüchte wie Kichererbsen, Linsen, Bohnen, Kidneybohnen
- Gehackte Tomaten (Dose)
- Käse, Milch
- Nussmus, Mandelmilch
- Öle wie Olivenöl oder Kokosöl
- Mandeln, Walnüsse, Kürbiskerne, Leinsamen
- Kräuter
- Gekochte Eier
- Trockenfrüchte
- Gewürze
- Pesto & Currypaste
- Süßungsmittel nach Belieben, zum Beispiel Honig, Agavendicksaft oder Xylit
- Mehl (Vollkornmehle, Nussmehl)

Kombiniert wird dann vor allem mit
- festem Gemüse wie Karotten, Kartoffeln, Süßkartoffeln, Paprika, Brokkoli, Blumenkohl, Rote Bete und Tomaten
- gebratenem Fleisch, wie zum Beispiel mageres Rindfleisch, Hähnchen- und Putenbrust
- Obst wie Äpfel, Bananen und Beeren (zum Beispiel TK)

Haferflocken, gehackte Nüsse und Trockenfrüchte kann man in Gläsern für das tägliche Frühstück vorbereiten. Abends aufgegossen mit Milch entstehen leckere Overnight Oats. Kidneybohnen werden zu Bohnen-Frikadellen, dazu eine Soße aus gehackten Tomaten und Kräutern. Die Soße passt dann auch gleich zu Gemüsesticks, die man mit Öl, Gewürzen, Kräutern vermischt auf einem Blech brät und in Meal- Prep-Behälter verteilt. Mit Basiszutaten, Kreativität und einem guten Plan kommt man optimal durch die Woche.

Tolle Leistung!

1. Kultiviere selbst Obst und Gemüse auf deinem Balkon oder im Garten.
2. Kaufe Bio-Fleisch aus deiner Region.
3. Less Waste – versuche, möglichst viele Produkte im Unverpackt-Laden einzukaufen.
4. Prüfe bereits abgelaufene Produkte, ob sie noch verwertbar sind.

Was geht noch?

1. Kaufe Obst und Gemüse beim Bauern ein.
2. Kaufe Bio-Fleisch.
3. Less Waste – nimm für Wurst und Käse eigene Behälter zum Einkaufen mit.
4. Prüfe vor dem Einkauf, was du noch vorrätig hast, und verwerte zuerst diese Produkte.

So fängst du an:

1. Achte auf saisonales und regionales Obst und Gemüse.
2. Reduziere deinen Fleischkonsum.
3. Less Waste – kaufe kein Obst und Gemüse in Plastikverpackungen.
4. Mach dir eine Einkaufsliste.

Willst du wissen, welche CO2-Bilanz dein Essen hat? Dann benütze den CO2-Rechner: www.klimatarier.com/de/CO2-Rechner

Mit einer Einkaufsliste, einer guten Vorratshaltung und einem durchdachten Meal Prepping fällt schon viel weniger Müll an. Du kannst außerdem viel Abfall vermeiden, indem du Reste verwertest, recycelst oder kompostierst. Auf diese Weise kommst du Less Waste auch in der Küche ein Stückchen näher. Und das Ganze macht zudem richtig viel Spaß.

Gut aufbewahrt

Less Waste in der Küche beginnt schon bei der Aufbewahrung und Vorratshaltung von Lebensmitteln. Die halten nämlich länger, wenn sie passend verpackt an den richtigen Platz kommen.

Deine Lebensmittel kannst du in verschiedene Kategorien einordnen: frisches Obst und Gemüse, Brot und Brötchen, Trockengut von Mehl und Zucker bis Reis und Hülsenfrüchte, Gegartes, Wurst und Käse, Konserven, Milchprodukte.

Obst und Gemüse halten nicht allzu lange und verlieren bei der Lagerung zudem wertvolle Inhaltsstoffe. Deshalb heißt es: bald essen oder weiterverarbeiten. Im Gemüsefach des Kühlschranks bleibt das Grünzeug aber länger frisch als in der Küche oder im Vorratsschrank. Kartoffeln, Süßkartoffeln und verschiedene Wintergemüse bilden allerdings eine Ausnahme, denn sie sind gut lagerfähig; am besten in Holzkisten oder Stoffbeuteln an einem kühlen, dunklen und trockenen Platz aufbewahren.

Salz, Zucker, Mehl, Nudeln und andere Produkte zählen zum Trockengut und sind nahezu unbegrenzt haltbar, vorausgesetzt, sie lagern trocken und dunkel. Bei Vollkornprodukten aber aufpassen, sie enthalten mehr Fette und können nach sechs bis zwölf Monaten ranzig werden. Gewürze halten sich ungemahlen bis zu zwei Jahre. Konserven sind – wie viele andere Lebensmittel auch – meist länger haltbar, als es das Mindesthaltbarkeitsdatum vorschreibt. Ist der Dosendeckel aber gewölbt, sofort wegwerfen.

BROT

Auch Brot ist nicht unbegrenzt lagerfähig, bei falscher Aufbewahrung schimmelt es sogar recht schnell und muss dann auf jeden Fall entsorgt werden. Damit das nicht passiert, sollte es bei ca. 18 Grad Raumtemperatur im unglasierten Ton- oder Keramiktopf aufbewahrt werden, denn hier nehmen offene Poren überschüssige Feuchtigkeit auf und die Luft kann zirkulieren. In Papier- oder Plastiktüten schimmelt Brot viel schneller.

TIPP: Auch im Brottopf kann sich Schimmel ablagern. Reinige den Topf am besten wöchentlich mit Essigwasser.

DIE GEFÄSSE

Erst einmal die Gefäße nutzen, die es schon im Haushalt gibt – das ist nachhaltig. Wenn Gefrierdosen vorhanden sind, können sie auch verwendet werden, ansonsten kannst du z. B. beim Einfrieren auf verschließbare Gläser umschwenken. In Gläsern lassen sich überhaupt sehr viele Lebensmittel aufbewahren, z. B. Knoblauch, Zwiebeln, getrocknete Kräuter, diese aber besser in dunklen Glasbehältern. Gebäck hält sich in verschließbaren Blechdosen gut.

TIPP: Mit einem Vorratsplan behältst du den Überblick. Trage ein, was wann in welcher Menge gekauft wurde. Und noch etwas: Neue Einkäufe kommen immer nach hinten, die ältere Ware wird zuerst verbraucht.

TIPP: Notiere auf deinen Vorratsbehältern neben dem Namen immer auch das Abfüll- beziehungsweise Einfülldatum und die Menge. Damit schaffst du eine gute Übersicht über deine Vorräte.

Gefriertüte gegen Glas

Vorrats-Check

WAS HABE ICH VORRÄTIG	EINKAUFS-/ ABFÜLL-/ EINFÜLLDATUM	LAGERUNGSART
SALZ		DUNKEL, TROCKEN
MEHL		DUNKEL, TROCKEN
NUDELN		DUNKEL, TROCKEN
REIS		DUNKEL, TROCKEN
TROCKENE HÜLSENFRÜCHTE		DUNKEL, TROCKEN
GEMÜSE		KÜHL
OBST		KÜHL
BROT		CA. 18 GRAD, STEINGUTTOPF
WURST		IM KÜHLSCHRANK
KÄSE		IM KÜHLSCHRANK
EIER		IM KÜHLSCHRANK

Kaum zu glauben

So lang halten unsere Lebensmittel.

Das Mindesthaltbarkeitsdatum ist ein guter Hinweis, bis wann ein Produkt verzehrt sein sollte. Es sagt aber nichts über die tatsächliche Haltbarkeit aus. Und was tiefgekühlt so alles durchhält, ist wirklich sehr aufschlussreich.

DER EIERTEST

Eier bleiben manchmal liegen, weil doch etwas anderes gekocht wird, weil zu viel gekauft wurde und weil man gerne welche auf Vorrat hat – für alle Fälle. Der beste Aufbewahrungsplatz ist der Kühlschrank. Nach Ablauf des Haltbarkeitsdatums können Eier noch verwendet werden, aber nur in Speisen, die durchgegart werden. Wenn du wissen willst, ob die Eier noch frisch sind, mache diesen Test: Lege das Ei in ein Glas mit kaltem Wasser.

Bleibt es unten liegen, ist es frisch, stellt es sich auf, bleibt aber am Boden, ist es noch in Ordnung, treibt es nach oben, besser nicht mehr verwenden.

ALLES AUS MILCH

Milch und Milchprodukte werden nicht gleich schlecht, wenn das Haltbarkeitsdatum überschritten ist. Gerade Joghurt, saure Sahne und andere Produkte, die Milchsäurebakterien enthalten, bleiben länger genießbar, denn die Bakterien wirken konservierend. Am besten, du machst erst einmal einen Geruchs- und/oder Geschmackstest. Riechen und schmecken Joghurt oder Milch noch gut, ist nämlich alles in Ordnung.

Käse hält sich bei richtiger Lagerung je nach Sorte mindestens ein bis zwei Wochen. Ist noch sehr viel Käse übrig,

kann Hartkäse gerieben eingefroren werden. Er hält sich bis zu einem halben Jahr, wird aber bestimmt schon früher für die nächste Pizza verbraucht. Apropos Pizza: Hast du zu viel Teig gemacht, kannst du den Rest getrost einfrieren, am besten in einem Wachstuch und nicht in Plastikfolie. Luftdicht verschließen und gleich portionsweise abpacken. Beschriften nicht vergessen!

TIPP: Hast du beim Frischkäse Bedenken, weil das Ablaufdatum schon eine ganze Weile überschritten ist? Wenn sich noch kein Schimmel gebildet hat und die Creme noch gut riecht, nimm den Käse zum Andicken für Suppen oder Soßen. Das ergibt eine tolle Konsistenz und schmeckt lecker.

TIPP: Ist die Butter erstmal zerlaufen schmeckt sie nicht mehr auf dem Brot, kann aber noch zum Backen verwendet werden.

GUT GETROCKNET

Mehl gehört zu den Trockenprodukten und lässt sich je nach Mehltyp und Mehlsorte einige Monate (dunkle Mehle) bis über ein Jahr (helle Mehle) aufbewahren. Je länger es liegt, umso größer sind aber die Qualitätsverluste.

Getrocknete Kräuter, Pilze sowie getrocknetes Obst und Gemüse halten etwa ein Jahr, wenn sie luftdicht, trocken und dunkel aufbewahrt werden.

ESSIG UND ÖL

Essig gehört zu den wenigen Lebensmitteln, auf denen meistens kein Haltbarkeitsdatum steht, weil er praktisch ewig haltbar ist. Je nach Sorte kann auch Öl bis zu zehn Jahre lang halten. Und ein Dressing aus beidem? Eine klassische Vinaigrette kann luftdicht verschlossen einige Wochen bis Monate aufbewahrt werden. Mit frischen Zutaten, wie etwa klein geschnittenen Zwiebeln, sieht es dagegen recht mau aus mit der Haltbarkeit: Nur ein paar Tage ist das Dressing verwendbar. Das gilt auch für Joghurtdressings.

KAFFEE UND TEE

Etwa eine Woche bleibt gemahlener Kaffee bei Zimmertemperatur in der geöffneten Packung frisch. Danach ist er zwar immer noch gut, aber nicht mehr so aromatisch. Im Kühlschrank aufbewahrt, hält Kaffee sich mindestens zwei Wochen, vor dem Aufbrühen sollte er aber erst einmal ein paar Minuten stehen und Zimmertempera-

PRODUKT	SO LANGE HÄLT'S IM GEFRIERSCHRANK
KARTOFFELBREI	2 MONATE
GEKOCHTE NUDELN	2 MONATE
HARTKÄSE	6 MONATE
KUCHEN	6 MONATE
FRISCHE KRÄUTER	6 MONATE
FRISCHES GESCHNITTENES GEMÜSE, Z. B. ZWIEBELN, PAPRIKA, CHILI	1 MONAT
EIER (OHNE SCHALE, GETRENNT IN EIGELB UND EIWEISS ODER ALS GANZES)	1 JAHR
WEINRESTE	6 MONATE
NÜSSE	1–2 JAHRE
PIZZATEIG	3 MONATE
GEMAHLENER KAFFEE	1 MONAT

tur annehmen. Man kann Kaffee sogar einfrieren. Gemahlenen Kaffee füllt man aber besser gleich in eine Blechdose oder ein Glas um, denn so bleibt er mindestens einen Monat aromatisch. Wer die Möglichkeit hat, kauft ganze Bohnen – sie halten sich mehrere Monate – und mahlt sie frisch vor jedem Gebrauch.

Die Haltbarkeit von Tee lässt sich nicht genau eingrenzen. Das Mindesthaltbarkeitsdatum gibt zwar an, wie lange er bei guter Qualität genießbar ist, meist lässt er sich aber viel länger verwenden. Schwarzer Tee kann, trocken und luftdicht verschlossen, etwa 18 Monate aufbewahrt werden, aromatisierte Produkte halten höchstens ein Jahr. Kräuter- und Früchtetee kannst du etwa ein Jahr mit gutem Gewissen verwenden, danach verliert er an Aroma. Sind ganze Fruchtstückchen enthalten, ist er meist nur einige Monate haltbar.

TEIGE UND GEGARTES

Manchmal wird einfach zu viel vorbereitet beziehungsweise gekocht. Alles, was aus dem Ofen kommt, beispielsweise Aufläufe, kannst du prima einfrieren. Das funktioniert auch mit Teigen hervorragend. Bei der nächsten Pizza geht es dann viel schneller.

Easy going
Less Waste

Möglichst kein Plastik beim Einkaufen und zu Hause, Einkaufslisten führen, Resteverwertung, Vorratshaltung, Regrowing und Kompostieren – mit unseren Tipps reduzierst du Abfälle und Müll auch in der Küche nachhaltig.

Schritt für Schritt kannst du deine Küche von Frischhalte- und Alufolie, Plastikschüsseln und -geschirr, Schneidebrettern aus Kunststoff und unnötigem Müll befreien. Wir haben bei uns selbst mit Abdeckfolien angefangen, weil unser Verbrauch hier hoch ist. Es fallen ja immer Reste in der Küche an, dann muss etwas abgedeckt in den Kühlschrank gestellt oder eingewickelt werden. Statt Folie verwenden wir jetzt Bienenwachstücher, die wir zum Teil sogar selbst hergestellt haben. Lebensmittel in Schüsseln decken wir mit einem Teller oder Topfdeckel ab – es macht Spaß zu überlegen, wie Plastik- und Alufolie ersetzt werden können.

ES GIBT NOCH MEHR ZU TUN

Und weil „less waste" sich nicht nur auf Plastik und Alu beschränkt, haben wir uns auch mit der Küchenrolle beschäftigt. Ihre Herstellung ist energieintensiv, verbraucht wertvolles Holz und viel Wasser, ähnlich wie bei Papiertaschentüchern. Sie sind zwar praktisch, aber eben auch typische Wegwerfprodukte. Als Alternative haben wir Baumwoll-Küchentücher, die schon etwas löchrig waren, mit der Schere zerschnitten und zu Tüchern zum Abwischen von Arbeitsflächen umgewandelt. Auch alte Handtücher, abgetragene T-Shirts und andere Naturmaterialien eignen sich dafür.

Tipp: Recycelte Alufolie

Praktisch ist sie ja schon, die Alufolie, weshalb sie auch in vielen Haushalten vorrätig ist. Ein Blick auf die Ökobilanz lässt uns aber schaudern, denn der Energieverbrauch ist immens. Eine Alternative ist Recycling-Alufolie, also Folie, die aus einmal gewonnenem Aluminium immer wieder hergestellt werden kann. Wenn du also gar nicht auf Alufolie verzichten willst, solltest du diese Alternative wählen.

Bevor du etwas wegwirfst, prüfe:

KANN ICH ES NOCH ESSEN?

KANN ICH ES WIEDERVERWENDEN?

KANN ICH ES WEITERVERARBEITEN?

KANN ICH ES REGROWEN?

KANN ICH ES KOMPOSTIEREN?

DAS MUSS WEG!

In der Küche

NIMM LIEBER ... STATT

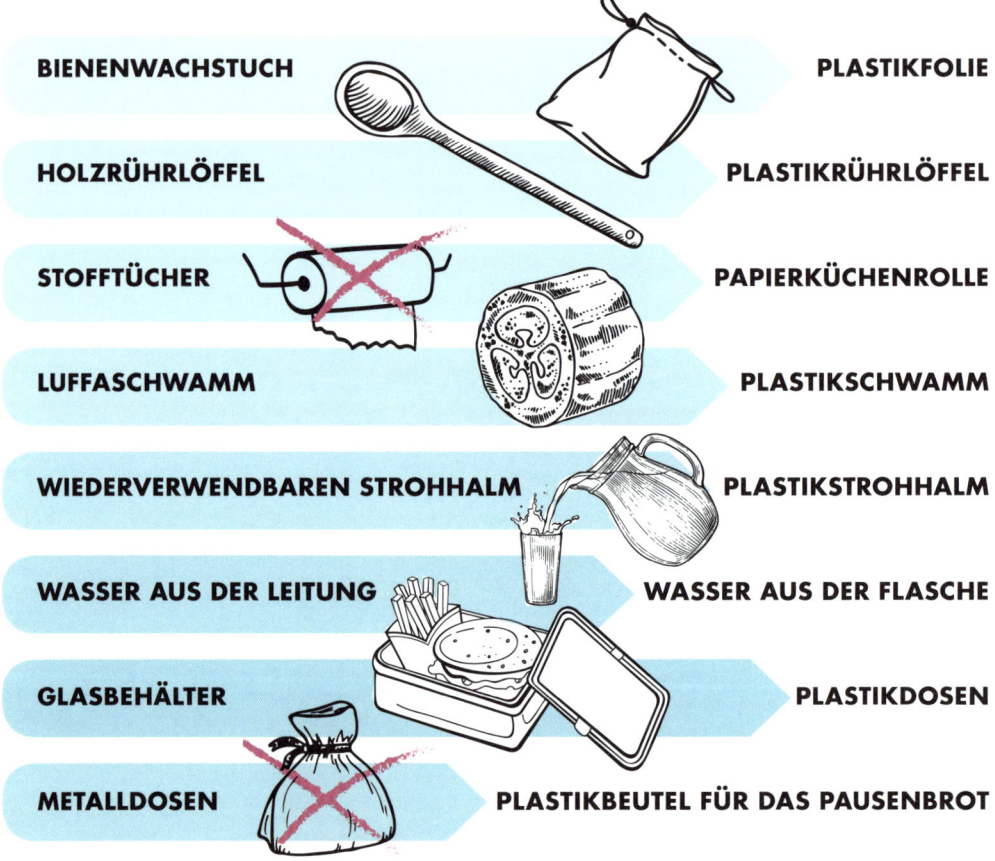

BIENENWACHSTUCH — **PLASTIKFOLIE**

HOLZRÜHRLÖFFEL — **PLASTIKRÜHRLÖFFEL**

STOFFTÜCHER — **PAPIERKÜCHENROLLE**

LUFFASCHWAMM — **PLASTIKSCHWAMM**

WIEDERVERWENDBAREN STROHHALM — **PLASTIKSTROHHALM**

WASSER AUS DER LEITUNG — **WASSER AUS DER FLASCHE**

GLASBEHÄLTER — **PLASTIKDOSEN**

METALLDOSEN — **PLASTIKBEUTEL FÜR DAS PAUSENBROT**

SO WAR ES BISHER IN DER KÜCHE	SO VERMEIDEST DU ABFALL	SO IST ES AM BESTEN
JOGHURT IM PLASTIKBECHER	JOGHURT IM GLAS	JOGHURT SELBER MACHEN
MILCH IM TETRA PAK	MILCH IN DER GLASFLASCHE	MILCH VOM BAUERN
PUTZSCHWAMM AUS MIKROFASERN	LUFFASCHWAMM	PUTZSCHWAMM AUS HANFKORDEL SELBER MACHEN

BIENENWACHSTÜCHER

Du brauchst ein Stück reines Leinen oder Baumwolle, z. B. ein altes Küchentuch oder T-Shirt, Bienenwachs, Sonnenblumen- oder Rapsöl und zwei Stück Backpapier, etwas größer als der Stoff

Bienenwachs erhältst du in der Drogerie, im Reformhaus oder in Imkergeschäften, oder du verwendest eigene Bienenwachsreste. Hacke das Wachs in kleine Stücke, lege den Stoff auf Backpapier, die Bienenwachsstücke aufs Tuch, und füge einige Tropfen Öl hinzu. Nun legst du das zweite Stück Backpapier darüber und fährst mit dem warmen Bügeleisen solange über das Papier, bis das Wachs sich verflüssigt hat. Eventuell an kahlen Stellen weitere Bienenwachsstücke verteilen und nochmals bügeln. Abkühlen lassen – schon ist das Tuch einsatzbereit. Es eignet sich zum Abdecken für alle Speisen mit Ausnahme von rohem Fleisch oder Fisch. Warme Speisen erst abkühlen lassen! Gesäubert wird das Bienenwachstuch mit warmem Wasser und etwas Spülmittel, bei Bedarf kannst du es einfach erneut mit Bienenwachs und Öl tränken.

PUTZSCHWAMM AUS SISAL- ODER HANFKORDEL

Du brauchst Sisal- oder Hanfseile bzw. -bänder, Stricknadeln Größe 8–10

Die Seile bzw. Bänder aus Sisal oder Hanf findest du in Bastelgeschäften und Baumärkten. Achte darauf, dass du loses Material bekommst und nicht in Plastik verpacktes. Ansonsten benötigst du nur noch Stricknadeln – am besten aus Holz, falls du dir welche kaufen willst – der Größen 8–10. Mit den Nadeln werden etwa zehn Maschen aufgenommen, je nachdem, wie groß der Schwamm werden soll. Dann strickst du mit lauter rechten Maschen einen ca. 25 cm langen Streifen. Maschen abketten, Strickfaden verknoten und ein längeres Stück hängenlassen. Jetzt das Gestrickte mittig falten und mit dem Faden an den drei offenen Seiten zusammennähen. Den Schwamm kannst du bei 60 Grad in der Waschmaschine waschen und immer wieder verwenden.

ELEKTRISCHE GERÄTE IN DER KÜCHE

Welche Geräte und Utensilien benutzt du eigentlich wirklich in deiner Küche? Es ist sicher nicht verkehrt, darüber nachzudenken, denn es gibt eine Menge Zeug, das wir nicht wirklich brauchen. Wir haben einige Ideen, wie deine Küche von Überflüssigem befreit und nachhaltiger wird.

ENERGIE SPAREN IN DER KÜCHE

Alles zu Geschirrspül- und Putzmitteln in der Küche und was du alternativ zu den üblichen kaufbaren Produkten selbst herstellen kannst, findest duim Kapitel „My Green Haushalt" ab Seite 68. Einige Tipps wollen wir dir jetzt noch zum Thema Energie sparen geben: Auf Kühlschränke entfällt etwa ein Fünftel des jährlichen Stromverbrauchs in Haushalten. Lasse deshalb warmeSpeisen erst abkühlen, bevor du sie dort hineinstellst, denn das Herunterkühlen benötigt viel Energie. Auch das regelmäßige Kühlschrankabtauen senkt den Stromverbrauch. Nachhaltiger als einen neuen, sparsamen Kühlschrank zu kaufen, ist es übrigens, den alten so lange wie möglich zu benutzen. Und das gilt auch für alle anderen Küchengeräte: Plastikrührlöffel und Plastikdosen, Eierkocher & Co. sollten in Gebrauch bleiben, bis sie kaputt sind. Dann kannst du abwägen, ob du darauf verzichten kannst, es eine umweltfreundliche Alternative gibt oder du dir ein neues und sparsames Gerät kaufen möchtest.

Muss das sein

ODER GEHT'S AUCH OHNE?

Bedenke: Für extra Geräte werden Ressourcen wie Wasser, Rohstoffe und Energie zur Herstellung benötigt. Werden sie dann nur ein- oder zweimal im Jahr benutzt, sind sie eigentlich überflüssig. Eine gute Alternative: ausleihen.

TRAGE AUCH SELBST IN DIE TABELLE EIN,
welche Geräte du brauchst und wo die Vor- und Nachteile liegen:

DIESE GERÄTE HABE ICH	BRAUCHE ICH DAS?	GIBT ES EINE ALTERNATIVE?	VOR- UND NACHTEILE
WASSERKOCHER		FLÖTENKESSEL *für den Herd*	*Der Wasserkocher ist ein zusätzliches Gerät, das Wasserkochen ist aus energetischer Sicht aber günstiger*
SMOOTHIE-MAKER		PÜRIERSTAB, *der für verschiedene Zubereitungen genutzt werden kann*	
BROTBACKAUTOMAT		BROT BACKEN *im Herd*	
EIERKOCHER		EIER KOCHEN *auf dem Herd*	
FRITTEUSE		GAREN *im Herd*	
KAFFEEMASCHINE		PRESS-STEMPELKANNE	
WAFFELEISEN		PFANNKUCHEN *aus der Pfanne*	
SANDWICHMAKER		IN DER PFANNE *mit einer 2. Pfanne das Sandwich zusammendrücken*	
BROTMASCHINE		BROTMESSER *und ein Holzbrett*	

Less Waste

Kochen statt wegwerfen

Unser Lieblingsthema bei My Green Kitchen: Resteverwertung! Aus praktisch allen Essensresten, übrig Gebliebenem und zu viel Gekauftem lässt sich noch etwas Leckeres zaubern, sodass am Schluss nichts mehr übrig bleibt.

Es ist noch gegartes Gemüse da? Mach einen Brotaufstrich daraus. Du hast zu viele Brötchen gekauft? Einfach fein reiben und in ein Glas füllen, dann hast du Semmelbrösel auf Vorrat. Die Gemüseschalen wegwerfen? Musst du nicht, denn wenn Karotten, Pastinaken & Co. vorher gut gewaschen wurden, sind sie für eine Gemüsebrühe genau richtig. Obst und Gemüse haben Druckstellen? Dann püriere sie und mach dir einen Smoothie – das ist gesund und nachhaltig. Auch der Saft von schrumpeligen Zitronen oder Orangen ist noch trinkbar oder wird portionsweise im Eiswürfelbereiter – am besten aus Edelstahl – eingefroren. Schon wird daraus eine erfrischende Zutat für sommerliche Getränke. Aus liegen gebliebenen Rote Bete, Süßkartoffeln und anderem Wurzelgemüse kannst du Muffins backen, braun gewordene Bananen kommen in einen Früchtekuchen, und Pfannkuchenreste schneiden wir in Streifen und geben sie als Flädle in die Suppe. Es gibt so viele Ideen, Reste zu verwerten, und wenn du erst einmal damit angefangen hast, wirst du immer erfinderischer. So ergeht es zumindest uns; inzwischen haben wir jede Menge Resterezepte, und es werden stetig mehr.

BLÄTTER UND STÄNGEL

Grünes in Form von Blättern und Stängeln wird oft achtlos weggeworfen, dabei kann man es noch richtig gut verwerten: Das Grün vom Karottenbund kann gewaschen und fein geschnitten werden, dann ist es ein tolles Topping für Salate und Suppen. Klein gehacktes Grün kannst du aber auch gut trocknen und in dunkle Gläser abfüllen. Es schmeckt sehr intensiv und ist ein tolles Gewürz. Oder wie wäre es mal mit einem etwas anderen Pesto? Kohlrabi- oder Fenchelgrün, kleingehackt und gesalzen, mit Nüssen verfeinert und mit Öl vermischt, ergibt eine aromatische, leckere Mischung, die auf Brot oder zu Nudeln schmeckt.

TROCKENES BROT

Brot, Brötchen, Weißbrot – manchmal verschätzt man sich und kauft zu viel davon ein. Ist es trocken geworden, gibt es viele Verarbeitungsmöglichkeiten. So kannst du Brot in Würfel schneiden und in einer Pfanne ohne Fett rösten, trockene Brötchen oder trocken gewordenes Laugengebäck sind bestens für Semmelknödel geeignet, und aus altem Toastbrot machen wir unseren Liebling Arme Ritter.

TIPP: RESTEVERWERTUNG KÜRBIS

Beim Kürbis kann man alles essen, von der Schale bis zu den Kernen. Zumeist wird die Frucht aber geschält, weil die Schale härter als das Fruchtfleisch ist und in der Suppe stört. Die gut gesäuberten Schalen werden deshalb separat etwas länger gekocht, und wenn sie weich sind, mit dem Fruchtfleisch zusammen püriert. Auch die Kerne sind kein Wegwerfprodukt, denn sie stecken voller Vitamine und Mineralstoffe und sind getrocknet und geröstet ein köstlicher Snack. Du kannst sie außerdem beim Brotbacken mitverwenden oder klein gehackt für dein Pesto nehmen.

TIPP: RADIESCHENGRÜN FÜR DEN SMOOTHIE

Auch die grünen Blätter von Radieschen müssen nicht im Biomüll landen, sie schmecken im Salat und in der Gurkensuppe oder als Smoothie mit Spinat und Apfel.

www.zugutfuerdietonne.de

Die beste Resteverwertung für Obst

Überreifes Obst ist viel zu schade für die Tonne. Es gibt viele leckere Resterezepte, die schnell zubereitet sind.

SMOOTHIE-BOWL

Bowls sind eine tolle Resteverwertung, denn wenn die Mahlzeit gleich verspeist wird, kannst du bedenkenlos auch überreifes Obst verwenden. Und du kannst Obstreste, je nachdem, was gegessen werden muss, auch gut mischen. Auch beim Topping ist praktisch alles erlaubt, du kannst nehmen, was der Vorrat hergibt. Beim Obst, und natürlich auch beim Gemüse, variieren wir immer mit den Sorten, die gerade Saison haben. Bananen sind bei uns trotz schlechter Ökobilanz ab und zu mal im Haus, weil wir sie z. B. zum Süßen von Kuchen nutzen. Wir achten beim Kauf auf Bio- und Fair-Trade-Siegel.

ZUTATEN FÜR 2 PORTIONEN

2 reife Bananen, 200 g Pfirsichfruchtfleisch, 2–3 Datteln, 80 ml ungesüßte Mandelmilch; Topping: Granola, Mandelblättchen, Kokosflocken, Lein- oder Chiasamen

ZUBEREITUNG

1 Bananen schälen, in Stücke schneiden und zum Pfirsichfruchtfleisch geben. Die Datteln hacken und alles zusammen mit der Mandelmilch fein pürieren.

2 Die Fruchtcreme auf zwei Bowls verteilen, Granola, Mandelblättchen, Kokosflocken und Leinsamen nach Belieben darüberstreuen.

ÜBERBACKENER OBSTSALAT

Das Rezept ist für die Verwertung von überreifem Obst supergut geeignet. Und das Beste daran: Du hast eine schnelle, warme und gesunde Mahlzeit.

ZUTATEN FÜR 2 PORTIONEN

600 g Obst, 2 EL Zitronensaft, 2 Eier (Größe M), 1 Vanillestange, 2 EL Zuckerrübenzucker, ½ TL abgeriebene Zitronenschale, 1 EL Mandellikör

ZUBEREITUNG

1 Den Backofen auf 200 Grad vorheizen. Das Obst schälen oder waschen, in kleine Stücke schneiden und mit Zitronensaft beträufeln.

2 Die Eier in Eigelb und Eiweiß trennen. Die Vanillestange längs aufritzen und das Mark herauskratzen. Die Eigelbe mit dem Zucker, dem Vanillemark, der Zitronenschale und dem Likör glattrühren, die Eiweiße steif schlagen. Eigelb- und Eiweißmasse verrühren.

3 Den Obstsalat in eine feuerfeste Form füllen, mit der Eiermasse bedecken und im Backofen etwa 10 Minuten überbacken.

Die beste Resteverwertung für Gemüse

Aufstriche, Hummus, Chips, Suppe – für übrig gebliebenes Gemüse gibt es immer eine Verwertungsidee.

RESTEAUFSTRICH

Aufstriche sind DIE Lösung, wenn du Gemüse- oder auch Fleischreste hast. Sie sind schnell zubereitet und auf Brot auch für eine unkomplizierte Mittagspause bei der Arbeit geeignet. Und wenn dann noch etwas übrig bleibt? Dann kommt es in die Suppe – genial, oder? Sei ruhig erfinderisch bei der Kreation deiner Aufstriche. Anstelle der Schalotte kann eine halbe Zwiebel verwendet werden, auch ein hart gekochtes Ei passt, fein gehackt, dazu.

ZUTATEN FÜR 2 PORTIONEN

1 Schalotte, 100 g gegartes Hähnchenfleisch, 80 g Doppelrahm-Frischkäse, ½ TL Kurkuma, ½ TL Senf, Salz, Pfeffer, Paprika, Sesam, Minze zum Garnieren

ZUBEREITUNG

1 Schalotte schälen und fein würfeln. Fleisch in sehr kleine Stücke schneiden.

2 Schalotte, Hähnchen, Frischkäse, Kurkuma und Senf mit einer Gabel vermengen, bis eine streichfähige Paste entsteht.

3 Den Aufstrich salzen, pfeffern und mit Paprikastreifen, Sesamkörnern sowie Minze nach Belieben garnieren.

BUNTE CHIPS MIT KNOBI

Gemüsechips zum Knabbern gehen immer! Wir jedenfalls haben meistens welche im Haus.

ZUTATEN

Gemüse (zum Beispiel Kartoffeln, Süßkartoffeln, Zucchini, Möhren, Pastinaken, Rote Bete, Knoblauch) Olivenöl, grobes Salz, Gewürze nach Wahl, Rosmarin

ZUBEREITUNG

1 Das Gemüse putzen und nur wenn nötig schälen. Mit dem Gemüsehobel in möglichst dünne Scheiben hobeln.

2 In einer Schüssel Olivenöl mit grobem Salz, Gewürzen und gehacktem Rosmarin verrühren. Die Gemüsescheiben dazugeben und alles sorgfältig mischen.

3 Backbleche mit Backmatten auslegen und die Gemüsechips gleichmäßig darauf verteilen. Achte darauf, dass die Chips nicht aufeinanderliegen.

4 Die Chips ca. 45 Minuten bei 100 Grad im Backofen backen. Zwischendurch immer mal die Backofentür öffnen, damit die Feuchtigkeit entweichen kann. Dann werden die Chips schön kross.

Die beste Resteverwertung für Wurst

Reste von Hartwurst, Kochwurst, Braten & Co. taugen für Salate, Aufläufe und Pfannengerichte.

BAYERISCHER WURSTSALAT

Wie ärgerlich, wenn Wurst übrig bleibt und bald völlig unansehnlich ist. Dann landet sie leider schnell im Abfall. Bevor es so weit kommt, kannst du einen leckeren Wurstsalat zubereiten.

ZUTATEN FÜR 2 PORTIONEN

100 g Lyoner, 2 Gewürzgurken, 80 g Käse, 1 kleine rote Zwiebel, 3 Radieschen, 3 EL Gewürzgurkenflüssigkeit, 1 EL Pflanzenöl, 2 EL heller Balsamicoessig, Salz, Pfeffer, 1 TL gehackte Petersilie

ZUBEREITUNG

1 Lyoner und Gurken in Scheiben schneiden, den Käse in Stifte. Die Zwiebel schälen und in Ringe schneiden, das Grün von den Radieschen entfernen, beiseitelegen und die Knollen in Scheiben schneiden.

2 Aus der Gewürzgurkenflüssigkeit, Pflanzenöl und Essig ein Dressing rühren und mit Salz und Pfeffer würzen, die gehackte Petersilie untermischen.

3 Wurst, Gurken, Käse, Zwiebel und Radieschen mischen und das Dressing darüber verteilen. Das Radieschengrün säubern, trocknen, einen Teil davon fein hacken und den Salat damit garnieren. Das restliche Grün anderweitig verwerten.

BAUERNFRÜHSTÜCK

Es heißt zwar Bauernfrühstück, schmeckt uns aber auch mittags oder abends, wenn wir's etwas deftiger mögen. Dieses Essen ist eine tolle Resteverwertung, denn du kannst alles mit hineinschnippeln, was du gerade übrig hast. Gibt es keine Zucchini, passen stattdessen auch Gurken, Karotten, Kohlrabi, Tomaten, Pilze und vieles mehr.

ZUTATEN FÜR 2 PORTIONEN

200 g Wurst (z. B. Cabanossi, Räucherspeck, Kasseler), 1 Zwiebel, 200 g kleine, gekochte Kartoffeln mit Schale, 200 g Zucchini, 200 g Kirschtomaten, Salz, Pfeffer, Pflanzenöl oder Butterschmalz zum Anbraten

ZUBEREITUNG

1 Die Wurst in Würfel schneiden. Zwiebel schälen und in Ringe schneiden, Kartoffeln in Scheiben schneiden, Zucchini waschen und vierteln, Tomaten halbieren.

2 Die Zwiebeln im Öl kräftig anbraten, Kartoffeln, Wurst und Gemüse nach und nach zugeben und alles rundherum braten. Mit Salz und Pfeffer würzen.

Die beste Resteverwertung für Reis und Nudeln

Wenn Nudeln oder Reis übrig sind, verarbeiten wir sie in Aufläufen, Suppen und Salaten.

NUDELAUFLAUF MIT BROKKOLI

Aus gekochten Nudeln lässt sich immer noch etwas zaubern, und vor allem für Aufläufe sind sie gut geeignet. Das Rezept ist vegetarisch; wenn du Fleisch dazu möchtest, kannst du Schinken- oder Fleischreste in Würfel schneiden und vor dem Backen untermischen.

ZUTATEN FÜR 2 PORTIONEN

200 g Brokkoliröschen (gekocht), Salz, 200 g Rigatoni (vom Vortag), 130 ml Sahne, 75 ml Milch, 2 Eier, Pfeffer, 80 g geriebener Käse

ZUBEREITUNG

1 Die Brokkoliröschen leicht salzen, unter die Nudeln heben und in eine gefettete Auflaufform geben.

2 Sahne und Milch mit den Eiern verquirlen und mit Salz und Pfeffer würzen. Den Käse untermischen und die Eier-Käse-Milch gleichmäßig über die

Nudeln gießen. Im vorgeheizten Ofen bei 200 Grad ca. 30 Minuten goldbraun backen.

REISSALAT MIT CRANBERRYS UND ÄPFELN

Ebenso wie bei Nudeln lässt sich auch aus Reisresten immer noch etwas Leckeres zubereiten. Reis ist eine schöne Suppeneinlage, schmeckt aber auch mit Früchten gut. Hier ist unser Rezept:

ZUTATEN FÜR 2 PORTIONEN

1 Tasse Erbsen (TK oder frisch),
6 EL getrocknete Cranberrys, 2 Äpfel,
250 g gekochter Risotto- oder Basmatireis,
2 EL Balsamicoessig, 2 EL Olivenöl,
Salz, Pfeffer, 1 EL Honig nach Belieben

ZUBEREITUNG

1 Die Erbsen in wenig kochendem Wasser ca. 12 Minuten garen, dann abgießen. Cranberrys eventuell etwas kleiner schneiden, Äpfel waschen, vierteln, Kerngehäuse entfernen und stückig schneiden.

2 Den Reis mit einer Gabel auflockern. Erbsen, Cranberrys und Apfelstücke unterheben.

3 Aus Essig, Öl, Salz und Pfeffer eine Marinade zubereiten und unter den Salat mischen. Wer mag, würzt noch mit etwas flüssigem Honig.

Die beste Resteverwertung für Brot & Brötchen

Brot wegwerfen geht gar nicht! Wenn wirklich mal was trocken wird, mach was draus!

ARME RITTER

Resteessen – dazu gehören auch die Armen Ritter, die es schon seit ewigen Zeiten gibt. Ganz einfach und sooo gut.

ZUTATEN FÜR 2 PORTIONEN

200 ml Milch, 2 Eier (Größe M), 50 g Zuckerrübenzucker, 1 Msp. Zimt, 4 Scheiben altbackenes Kastenweißbrot (1,5 cm dick) oder Toastbrot, 30 g Butterschmalz

ZUBEREITUNG

1 Milch mit Eiern, Zucker und Zimt in einem Suppenteller verrühren.

2 Die Weißbrotscheiben nacheinander hineinlegen, dann vorsichtig wenden. Die Milch soll in das Brot einziehen, es darf dabei aber nicht zu nass werden.

3 Etwas Butterschmalz erhitzen. Die Brotscheiben darin portionsweise bei mittlerer Hitze von beiden Seiten knusprig braun braten und sofort servieren.

Dazu schmeckt Quark mit Fruchtsoße.

Neben dem bekannten süßen Rezept gibt es übrigens auch eine salzige Variante: Die Brotscheiben in leicht gesalzene Eiermilch tauchen, in Butterschmalz braten und mit Käse und Speck im Ofen überbacken.

SEMMELKNÖDEL

Wenn Weißbrot oder helle Brötchen übrig bleiben und in einem Leinen- oder Baumwollbeutel kühl und trocken gelagert werden, trocknen sie aus und halten so noch einige Wochen, ohne schlecht zu werden. In feine Scheiben geschnitten, kannst du sie z. B. für selbst gemachte Knödel verwenden, statt Ködelmehl zu kaufen.

ZUTATEN FÜR 2 PORTIONEN

50 g Zwiebeln, 30 g Butter, 2 Eier (Größe M), 130 ml Milch, Salz, weißer Pfeffer, geriebene Muskatnuss, 130 g Semmelwürfel, 2 EL gehackte Petersilie, 30 g Weizenmehl

ZUBEREITUNG

1 Die Zwiebeln schälen, fein würfeln und in der geschmolzenen Butter goldgelb anbraten. Danach etwas auskühlen lassen.

2 Die Eier aufschlagen und gut verquirlen, mit erwärmter Milch, Salz, Pfeffer und einer Prise Muskat über die Semmelwürfel gießen und alles gut vermengen. 20 Minuten durchziehen lassen.

3 Die Petersilie mit den Zwiebeln zur Semmelwürfelmasse geben und alles verkneten. Zum Schluss das Mehl darüberstäuben und einarbeiten, damit eine gut formbare Masse entsteht. Die Hände mit kaltem Wasser benetzen und Knödel formen, in kochendes Salzwasser geben und gleich die Temperatur zurückschalten, sodass die Knödel im Wasser nur ziehen. Nach 10 bis 15 Minuten sind sie fertig.

Lass es wachsen!
Reste regrowen

Das Thema Less-Waste-Kitchen beschäftigt uns schon eine ganze Weile. Einkaufen, was gebraucht wird, die Reste weiterverarbeiten – und der nächste Schritt? Kompostieren ist eine sinnvolle Lösung, weil die organischen Abfälle in den biologischen Kreislauf einfließen und wieder zu Erde werden. Aber nicht jeder hat die Möglichkeit dazu, was also tun? Da kommt die Idee mit dem Regrowing, also dem Nachwachsen lassen von Gemüseresten, gerade recht. Es ist ganz einfach und macht zudem Spaß. Denn zu sehen, wie sich aus einem Salatstrunk neues Grün entwickelt, ist ein tolles Erlebnis, und wenn schließlich geerntet werden kann, macht das auch ein bisschen stolz.

SO GELINGT'S

Als wir das Regrowen zum ersten Mal ausprobiert haben, haben wir mit Lauch experimentiert. Wenn man dieses Gemüse in der Küche verwendet, wird der untere Wurzelansatz abgeschnitten und in der Regel in den Biomüll geworfen. Wir haben ihn stattdessen – rundum mit drei Holzzahnstochern versehen – in ein kleines Glas mit Wasser gehängt, sodass er leicht im Nassen lag, und abgewartet. Schon ein paar Tage später zeigte sich neues Grün – verrückt.

Das Prinzip ist einfach: Schnittabfälle, Wurzelreste und Strünke von Zwiebeln, Lauchzwiebeln, Rote Bete, Lauch, Salat, Kräutern und anderem Gemüse werden zuerst in etwas Wasser gestellt und später in gute Erde eingepflanzt. Und weil jedes Lebewesen bestimmte Bedürfnisse hat, brauchen auch die Reste ideale Bedingungen, damit sie gut wachsen. Exoten wie Kurkuma, Zitronengras und Ingwer lieben Wärme und Licht, Zwiebeln, Lauch & Co. sind etwas anspruchsloser und auch mit normalen Zimmertemperaturen zufrieden.

Eine reine Wasserkultur funktioniert nach unseren Erfahrungen nur bei Lauch und Zwiebeln wirklich gut. Die meisten anderen Reste setzen wir, wenn sich neue Wurzeln gebildet haben, in Blumenerde, die weit mehr Nährstoffe bereithält als Wasser. Als Pflanzgefäß eignen sich übrigens alte Dosen, die hin und wieder anfallen. Auch Tetra-Pack-Kartons und Gläser lassen sich dazu verwenden. Dann ist sogar noch eine Upcycling-Komponente dabei. Aufpassen musst du allerdings, dass es im Topf nicht zu nass wird, beziehungsweise keine Staunässe entsteht, das mögen Pflanzen, und natürlich auch unser Gemüse, nämlich gar nicht.

GESUNDE KNOLLEN

Am besten funktioniert Regrowing im Winter. Du schneidest ältere Knollen, die schon Augen gebildet haben, in Stücke und legst sie in nicht zu kleine Töpfe mit Erde. Ab Mai kommen sie in größere Töpfe oder in den Garten. Gießen nicht vergessen! Selbst Yamswurzeln und Süßkartoffeln wachsen mit dieser Methode nach.

ROTE BETE

Dass die hübschen Blätter von Roten Beten auch gegessen werden können, ist gar nicht so bekannt. Vor allem die zarten jungen Blättchen schmecken fein – und man kann sie selbst ziehen. Vor dem Zubereiten von Roter Bete wird der Rübenkopf meist abgeschnitten und weggeschmissen, dabei ist er bestens fürs Regrowing geeignet. So geht's: Den Kopf vor der Weiterverarbeitung abschneiden und so in ein Glas mit Wasser legen, dass er nach oben und etwas aus dem Wasser herausschaut. Hell und warm stellen und alle paar Tage das Wasser wechseln. Nach einer Woche kannst du das Rote-Bete-Stück in Erde pflanzen, der Rübenkopf darf dabei nicht unter die Erde kommen. Ab und zu gießen, dann bilden sich bald erste Blättchen.

ZITRONENGRAS

In puncto Schwierigkeitsgrad liegt Zitronengras beim Regrowing im Mittelfeld. Die wichtigsten Gelingfaktoren sind Licht, Wärme und Geduld. Benötigt werden die unteren Stängelteile, die etwa fünf bis sieben Zentimeter lang sein sollten. Sie werden in etwas Wasser gestellt, das alle paar Tage gewechselt werden muss. Nach zwei bis drei Wochen und wenn die Stängel an einem warmen Platz stehen, bilden sich kleine Wurzeln. Jetzt ist es Zeit, das Zitronengras in Erde zu pflanzen – nicht zu tief, das meiste Grün bleibt über der Oberfläche. Nach und nach bildet sich frisches Grün, das du abschneiden und für Tee, zum Würzen oder für Süßspeisen verwenden kannst. Es sollte immer etwas stehen bleiben, damit die Pflanze nicht geschwächt wird und du noch lange ernten kannst.

KURKUMA

Das gelbe Rhizom ist vielseitig einsetzbar, und von der „Goldenen Milch" bis zum asiatischen Curry wird Kurkuma regelmäßig verwendet – Reste bleiben da meist keine. Wenn aber doch mal etwas übrig ist oder du einfach ausprobieren willst, ob das Re-

growen gelingt, dann versuche es und lege los. Je größer das Wurzelstück ist, das eingepflanzt werden soll, desto größer sind auch die Erfolgsaussichten. Ins Wasser muss Kurkuma gar nicht gelegt werden, das Stück wird gleich in gute Blumenerde etwa fünf Zentimeter tief gepflanzt. Und weil das Ingwergewächs ursprünglich aus Indien stammt, ist auch klar, was es am meisten benötigt: Wärme. Der Topf sollte also richtig warm stehen und ab und zu muss auch gegossen werden. Es dauert mindestens drei Wochen, bis ein erster Trieb aus der Erde spitzt und es ab jetzt schön hell haben möchte. Gib der Pflanze Zeit zum Wachsen und Gedeihen. In der kalten und lichtarmen Jahreszeit werden die Blätter an Kraft verlieren und schließlich einziehen, dann wird der Topf in einen kühlen Raum verfrachtet und alle Pflegemaßnahmen, auch das Wässern, werden eingestellt. Ab Februar/März gibt es wieder erste Wassergaben, und der Topf kommt zurück ins Warme. Ist alles gut gelaufen, treibt der Wurzelstock wieder aus. Mit etwas Glück bilden sich nach ein bis zwei Jahren neue Rhizome, die du im Winter ernten kannst.

Natürlich recycelt
Kompostieren

Eigentlich ist Kompostieren das Biorecycling schlechthin, denn die Methode der natürlichen Wiederverwertung von Bioabfällen gibt es schon seit ewigen Zeiten. Den Kreislauf der Natur kannst du dabei praktisch hautnah miterleben – im Garten, auf dem Balkon und sogar im Haus.

Ob Komposthaufen im Garten oder Behälter auf dem Balkon: Beim Kompostierungsprozess werden organische Abfälle wie Gemüseschalen, Apfelgehäuse, verwelkte Blumen und mehr von Mikroorganismen und Kleinstlebewesen verdaut und in gute Komposterde umgewandelt, die voller Nährstoffe steckt. Die wiederum sind wichtig für das Wachstum von Pflanzen. Mit der Komposterde kannst du deine Zimmerpflanzen düngen oder sie mit normaler Pflanzerde mischen und Gemüse und Obst darin wachsen lassen. Für dein Zuhause eignen sich drei verschiedene Methoden: die normale Kompostierung, der Wurmkompost und Bokashi.

AB IN DIE TONNE

Es gibt verschiedene Komposter für den Balkon, man kann aber auch einfach eine alte Tonne mit Deckel verwenden. Im Boden müssen einige Löcher sein, damit die Luft während des Umwandlungsprozesses zirkulieren kann. Das Behältnis wird auf ein paar Ziegelsteine gestellt, darunter kommt ein Untersetzer, in den Flüssigkeit aus der Tonne laufen kann.

Und weil Sauerstoff enorm wichtig ist, kommen in den Behälter zuunterst unterschiedlich dicke Äste und Zweige und Blätter. Schon kann es mit dem Befüllen losgehen. Wichtig: Das Material, das Futter für den Kompost, sollte möglichst klein geschnitten sein, denn dann verrottet es besser. Ganze Kartoffeln oder Rüben bringen also nichts, sie müssen klein gehackt werden. Wenn du trockenes und feuchtes Material abwechselnd einschichtest, wirst du ein besseres Ergebnis erzielen. Außerdem lohnt es sich, etwas fertigen Kompost dazuzugeben, denn dieser enthält die Mikroorganismen und Kleinstlebewesen, die für den Umwandlungsprozess nötig sind. Das ist wie bei der Joghurtzubereitung, wenn ein Löffel fertiger Bio-Joghurt zugegeben wird. Ab und zu sollte die Masse im Behälter umgehoben werden, das fördert die Luftzufuhr. Das kannst du übrigens ruhig mit den Händen machen.

DIE WURMKISTE

Munter geht es in einer Wurmkiste zu. Hier wimmelt es nur so von Kompostwürmern, die mit Mikroorganismen zusammenarbeiten. Die Mikroorganismen schließen die Oberfläche der Abfälle auf, die Würmer verspeisen dann alles, und heraus kommt guter Wurmhumus. Es gibt verschiedene Anbieter von Wurmkisten, aber auch Anleitungen, wie man selber welche bauen kann. Schau mal bei den Adressen im Anhang nach.

BOKASHI

Mit der schrittweisen Umsetzung, dem Bokashi, kannst du sogar im Haus kompostieren, in diesem Fall heißt es aber besser: fermentieren. Du benötigst einen speziellen Bokashi-Eimer, das ist ein luftdichter Plastikeimer mit Siebeinsatz, durch den Flüssigkeit abfließen kann. Während der Fermentation entsteht Sickersaft, der mithilfe eines kleinen Ablaufhahns abgezapft werden kann. Dieser Saft wird mit Wasser verdünnt und als Pflanzendünger verwendet. Schon nach zwei bis drei Wochen ist der Inhalt des Eimers zu Kompost geworden und wird mit Erde vermischt als Dünger eingesetzt.

Kompost-Check

DAS DARF REIN

Obstreste, Teesäckchen, Obstschalen, Blätter (keine Nussblätter), Eierschalen, Kaffeesatz (maximal $1/3$ des täglichen Materials), Pflanzenreste, Gemüsereste, auch normales Zeitungspapier und Karton, aber nur in geringen Mengen

DAS DARF NICHT REIN

Knochen, Chemikalien, Milchprodukte, Käse, Zitrusfrüchte, Fleisch, Hochglanzpapier

KOMPOST

Kapitel 2

My Green Cleaning

Wir zeigen dir, wie man Müll recycelt, was in welche Tonne gehört, wie du mit natürlichen Produkten putzt, deine Wäsche nachhaltig wäschst und sogar, wie du deine Wasch- und Putzmittel selbst herstellen kannst.

Wohin mit unserem Müll, und wie recycelt man richtig?

Fast 50 Prozent unseres Mülls entsorgen wir falsch – das wollen wir ändern. Hier sind unsere Infos, wie es richtig geht.

In Deutschland fallen jedes Jahr über 40 Millionen Tonnen Hausmüll an, ein Großteil übrigens als Verpackungen aus Pappe, Kunststoff oder Glas. Dass die Reduzierung von Verpackungsmüll an erster Stelle steht (siehe Kapitel 1), ist für uns alle selbstverständlich, aber ganz lässt sich Abfall ja trotzdem nicht vermeiden. Jetzt ist korrektes Mülltrennen gefragt, bei dem leider aber noch immer viel zu viele Fehler gemacht werden. Deshalb landen die einzelnen Wertstoffe oft nicht in der Tonne, in die sie eigentlich gehören.

RECYCELN? JA, ABER IMMER SORTENREIN

Das Potenzial, das im Recycling steckt, ist enorm. Aber nur, wenn wir unseren Müll richtig trennen und damit seine Sortenreinheit sicherstellen. Das heißt zum Beispiel, Papier immer ohne Folie und Gläser nur leer zu entsorgen. Denn erst, wenn du deinen Müll achtsam trennst und frei von Verunreinigungen in die Tonne gibst, können die Sortier-anlagen optimal arbeiten und der Recyclingindustrie wertvolle Sekundärrohstoffe zur Verfügung stellen.

Auf diese Weise schließen wir nicht nur Wertstoffkreisläufe, sondern sorgen gleichzeitig auch dafür, dass bei der Neuproduktion geringere Umweltbelastungen entstehen: weniger Energieverbrauch, reduzierter CO_2-Ausstoß und ein geringerer Verbrauch an fossilen Ressourcen.

DIE BASICS

Es gibt den Gelben Sack beziehungsweise die gelbe Tonne, den Glascontainer, die Papiertonne, die Biotonne, den Sondermüll, Elektroschrott, kaputte Leuchtstofflampen und LEDs, Sperrmüll, Altkleider und Restmüll. Diese bunte Müllvielfalt macht das Trennen und Sortieren nicht eben einfacher. Auf den folgenden Seiten findest du nicht nur die richtige Tonne für deinen Müll, sondern auch Tipps und Infos, was du mit Dingen tun kannst, die zu schade zum Wegwerfen sind.

Auf www.nabu.de
gibt es ein tolles
Mülltrennungs-Quiz

Was gehört in welche Tonne?

Es ist manchmal gar nicht so leicht zu entscheiden, welcher Abfall wo hinein soll.
Wir sagen dir, was in welche Tonne gehört – und was nicht.

1.

DER GELBE SACK/ DIE GELBE TONNE?

Hier hinein gehören Verpackungen aller Art: aus Kunststoff, Weißblech und Aluminium – beispielsweise Folien, Tuben, Konservendosen oder Plastiktüten – sowie Verbundverpackungen wie z. B. Getränkekartons. Weiterhin zählen sogenannte Serviceverpackungen dazu, damit sind Brötchentüten, Coffee-to-go-Becher, die Styroporbox fürs Take-away-Food, Folien und Einwickelpapier aus der Metzgerei oder vom Käsestand gemeint. Außerdem dürfen in der gelben Tonne auch Spraydosen und Holzschachteln entsorgt werden.

NICHT HINEIN GEHÖREN:
CDs, Klarsichthüllen, Windeln, Plastikspielzeug oder Plastikzahnbürsten, denn die haben mit Verpackungsmüll nichts zu tun.

MÜSSEN DIE VERPACKUNGEN GESPÜLT WERDEN?
Nein, müssen sie nicht. Löffelrein reicht völlig aus.

2.

DIE GLASCONTAINER

Dass nach der Leerung der Glascontainer alle Flaschen doch wieder zusammengeschüttet werden, ist ein Gerücht, dass sich zwar hartnäckig hält, aber nicht stimmt! Die Entsorgungsfahrzeuge haben nämlich für jede Glasfarbe eine unterschiedliche Kammer. Du hast andersfarbiges Glas, zum Beispiel blau? Das muss ebenfalls in den Grünglas-Behälter.

NICHT HINEIN GEHÖREN:
Steingutflaschen (sie zählen zu den Verpackungen, weshalb sie in die gelbe Tonne gehören), Glühbirnen, Trinkgläser und feuerfestes Geschirr. Auch Keramik und Porzellan haben im Glascontainer nichts zu suchen und sind in der Restmülltonne richtig.

MÜSSEN DIE DECKEL ABGESCHRAUBT SEIN?
Nein, müssen sie nicht. Gläser mit Deckeln bleiben beim Hineinwerfen zudem ganz und können so noch besser verwertet werden.

3.

In die Papiertonne und ins Altpapier kommen ausschließlich Papier, Pappen und Kartonagen – sonst nichts.

NICHT HINEIN GEHÖREN:
Fax- und Thermodruckerpapier (zum Beispiel Kassenbons oder Fahrkarten aus dem Automaten), imprägnierte und beschichtete Papiere (z. B. Käsepapier), Kohlepapier, Styropor, Tapetenreste und verschmutzte Papiere wie gebrauchte Taschentücher oder mit Essensresten verschmiertes Papier.

4.

DIE BIOTONNE

Hier können alle zur Kompostierung geeigneten organischen Abfälle wie Pflanzenreste und Gartenabfälle, Obst- und Gemüseabfälle, aber auch Kaffee- und Teefilter landen. Allzu feuchte Abfälle wickelst du zuvor besser in Papier ein. Ob Fleisch- oder Fischreste in die Biotonne dürfen, hängt von den Vorgaben deiner Kommune ab. In einigen Städten ist das erlaubt, in anderen müssen sie über den Restmüll entsorgt werden. Schau also am besten auf deinem Abfallkalender nach.

NICHT HINEIN GEHÖREN:
Asche, Tierkot, Staubsaugerbeutel oder behandelte Hölzer. Sie müssen in die Restmülltonne gegeben werden.

5.

DIE RESTMÜLLTONNE

Im Restmüll landet der Müll, der weder wiederverwertet noch recycelt werden kann. Also all das, was wir nicht in unseren Tonnen bzw. in den Glascontainern entsorgen können. Bei vielen macht die graue bzw. schwarze Tonne aber nur deshalb den größten Anteil ihres gesamten Mülls aus, weil sie nicht genau wissen, was wo hinein soll.
Zum Restmüll gehören Taschentücher, Glühlampen (aber keine Energiesparlampen, die sind Sondermüll), Babywindeln, Staubsaugerbeutel, Kugelschreiber, Asche, ausgetrocknete Filzstifte, Zigarettenkippen, alte Fotos, zerbrochenes Porzellan oder Glas, Putzlappen sowie kaputte Kunststoffgegenstände.

NICHT HINEIN GEHÖREN:
Elektrogeräte, Batterien, Plastik, Verpackungen, Sonderabfall und Schadstoffe wie Farben, Lacke und Sprays.

Wohin damit?

Dinge, die du nicht mehr brauchst, die aber noch in Ordnung sind, müssen nicht im Müll landen. Es gibt noch andere Möglichkeiten, zum Beispiel Weitergeben.

Verkaufen: Klamotten

Alles, was noch schick ist, kannst du leicht und schnell über **www.kleiderkreisel.de** oder eine digitale Flohmarkt-App wie eBay, eBay Kleinanzeigen oder Shpock verkaufen.

Spenden: Packmee

PACKMEE ist eine kostenlose nationale Kleiderspende. Der Erlös der Spende geht an ausgewählte karitative Partner wie „Save the children". Das Prinzip ist kinderleicht: verpacken, versenden, fertig! Deinen gepackten Karton kannst du auch einem DHL- oder Hermes-Paketboten mit auf den Weg geben.
www.packmee.de

Spenden: Wohin damit

„Du hast ein paar Sachen, die Du einer sozialen Einrichtung spenden möchtest? Das ist klasse! Du weißt aber nicht wohin? Hier findest du schnell und einfach die geeignete soziale Einrichtung", versprechen die Macher von **wohindamit.org** und halten das auch. Und so funktioniert das Ganze: Im ersten Schritt notierst du, was du spenden möchtest. Sortiert wird nach folgenden Kategorien: Möbel, Elektronik, Bücher & Tonträger, Spielzeug, Hausrat, Kleidung und Fahrzeuge. Im zweiten Schritt gibst du deinen Ort oder deine Postleitzahl an. Anschließend klickst du nur noch auf den Button „Wohin damit?" und erfährst, wo deine Spende benötigt wird. Jetzt kannst du selbst entscheiden, zu welcher der angegebenen Adressen du deine Dinge bringen möchtest.

Spenden: Oxfam

„Von Kleidung über Bücher und Musik bis hin zu Haushaltsgegenständen – willkommen ist alles, was sich weiterhin verwenden lässt. Geben Sie Ihre Sachen in einem Shop in Ihrer Nähe ab.", schreibt Oxfam. Nutze den Shop-Finder, um zu sehen, was du in deinem **Oxfam-Shop** bei dir um die Ecke spenden kannst.

Tauschen: Swapper-App

Swapper ist eine App, die sich als „Tinder für Gebrauchtes" bezeichnet. Du stellst dein Produkt ein und gibst an, was du benötigst. Der Algorithmus sucht nach passenden Tauschpartnern, die im Tinder-Prinzip mit Wischen nach links und rechts entweder abgelehnt oder bestätigt werden können. Einigen sich beide Personen, entsteht ein Match, und der Tausch kann beginnen.

Verschenken

Freecycle ist ein Internet-Verschenk-Netzwerk, das von der gemeinnützigen The Freecycle Network betrieben wird. Du suchst zunächst eine Gruppe in deiner Nähe und gibst dort an, was du verschenken möchtest. Daraufhin melden sich dann andere User bei dir und holen deine Gabe ab. **freecycle.org**

Verkaufen: Bücher

Manche Bibliotheken freuen sich noch über Buchspenden. Ruf am besten vorher an und frage nach. Sind deine Werke noch aktuell, kannst du sie auch über **Momox** oder **Rebuy** verkaufen. Dazu scannst du die Barcodes mit dem Smartphone ein, verschickst die Bücher, und ein paar Tage später wird dir das Geld auf deinem Konto gutgeschrieben. Wenn du mehr Zeit hast, kannst du dich auch bei **booklooker.de** anmelden und dort deine Bücher zum Kauf anbieten. Dort besteht die Möglichkeit, noch etwas mehr für deine Schätze zu erhalten.

Zu Gast bei:
Wasteless hero

Anke zeigt dir, wie du auch mit Kind auf unnötigen Müll verzichten kannst.

Wir nutzen tagsüber Stoffwindeln, die wir zum Teil neu, zum Teil gebraucht gekauft haben. Wichtig ist uns, dass sie in Deutschland hergestellt werden und aus Bio-Baumwolle bestehen. Für das Häufchen verwenden wir Vlieseinlagen, die wir drei- bis viermal mitwaschen können. Die Windeln wäscht mein Freund alle drei Tage.

Nachts nehmen wir seit einiger Zeit wieder Einwegwindeln, da Herr Baby so die ganze Nacht durchschläft, und wir damit auch. Dabei achten wir darauf, dass die Windeln das Symbol des Blauen Engels tragen, und mittlerweile gibt es sogar Einwegwindeln aus Bio-Baumwolle.

**ALS HERR BABY NOCH KLEIN WAR, WIE HAST
DU DAS MIT DER MILCH GEMACHT? AUS
WELCHEN FLÄSCHCHEN HAT ER GETRUNKEN?**

Herr Baby wurde von mir voll gestillt. Einmal hat mein Freund das Füttern übernommen, weil ich ins Krankenhaus musste. Da haben wir einfach eine von den Plastikflaschen verwendet, die wir von anderen Eltern bekommen hatten. Wir hatten fünf gebrauchte Flaschen, von denen wir tatsächlich aber nur die eine genutzt haben. Seine erste Trinkflasche haben wir Herrn Baby gekauft, als er sieben oder acht Monate alt war. Da fingen wir mit der Beikost an, und er bekam zum Trinken auch Leitungswasser. Die Flasche

ist aus Edelstahl und kann noch von ihm genutzt werden, wenn er in die Schule geht. Dazu hatten wir noch fünf Sauger aus Naturkautschuk gekauft, die BPA-frei sind. Mittlerweile gibt es einige Anbieter von Edelstahlflaschen für Babys, mit Abfüllmengen von 330 Milliliter bis 660 Milliliter oder mehr.

**WENN HERR BABY SELBST ESSEN MÖCHTE,
WELCHES GESCHIRR BEKOMMT ER DANN?**

Ein Thema, das mich tatsächlich anfangs echt verrückt gemacht hat. Ich wollte keinesfalls Plastiklöffel nehmen, wurde aber aus irgendeinem Grund dauernd gefragt: „Willst du wirklich kein Plastikbesteck benutzen?" So hatten wir zunächst doch Plastiklöffel für Herrn Babys erste Breie, aber schon nach kurzer Zeit auf unsere normalen Metalllöffel umgestellt. Beim Füttern muss man einfach darauf achten, dass der Löffel nicht zu heiß wird, damit keine Verbrennungen im Mund entstehen. Von Anfang an hat er auch unser Geschirr bekommen, also die Schüsseln und Teller, von denen auch wir essen. Seit ein paar Monaten besteht er darauf, aus unseren Gläsern zu trinken statt aus seiner Edelstahlflasche, und bisher sind erst zwei Gläser auf dem Boden gelandet.

Herr Baby hat noch einen Teller aus Bambusholz, den er zum ersten Geburtstag von der Tante geschenkt bekommen hat. Das ist das einzige Extra-Geschirr, das wir für ihn haben. Für unterwegs nutzen wir für Herrn Baby eine unserer Edelstahldosen.

Oh ja, leider. Wir hatten schon früh mit Familie und Freunden darüber gesprochen, dass wir vieles von Freunden bekommen. Der Sohn einer Freundin ist eineinhalb Jahre älter als Herr Baby, und wir konnten die komplette Ausstattung nutzen und mussten fast nichts kaufen. Bei unseren Gesprächen haben wir uns auch mit Familie und Freunden darüber ausgetauscht, wie schädlich Plastik für Kinder sein kann. Und so sind 90 Prozent des Spielzeugs von Herrn Baby aus Holz, der Großteil davon secondhand. Vom Freund meiner Mutter haben wir ein Holz-Rutsche-auto bekommen, das in Deutschland produziert wurde – ein super Geschenk. Wir besitzen jetzt ein paar geschenkte Plastikspielsachen, aber tatsächlich wurden nur zwei davon neu gekauft. Dafür bin ich meinen Freunden und der Familie wirklich dankbar.

Wenn Herr Baby älter wird, wird die Herausforderung größer, und es wird wohl mehr Plastikspielzeug geben. Wir beide wollen aber dann wenigstens darauf achten, dass wir diese Dinge gebraucht kaufen.

BABYS TRAGEN IHRE KLEIDUNG JA NICHT SEHR LANGE. WIE MACHST DU DAS MIT NACHSCHUB, WENN HERR BABY GEWACHSEN IST? WORAUF ACHTEST DU BEIM EINKAUFEN?

Den Großteil der Kleidung bekommen wir von einer Familie mit einem älteren Kind. Wenn wir doch mal etwas brauchen, wie zum Beispiel waschbare Schwimmwindeln oder einen Schneeanzug, dann schauen wir in Secondhandläden vorbei, bei eBay Kleinanzeigen, Mamikreisel, oder wir fragen Freunde. Es gibt so viel Kinderkleidung, dass wir kaum einmal etwas neu kaufen müssen.

Und wenn jemand etwas schenken möchte, dann nennen wir gute Marken, die Bio-Baumwollstoffe ohne Polyester verwenden, möglichst eine GOTS-Zertifizierung haben und in Deutschland produzieren. So gehen wir auch vor, wenn wir für uns Kleidung einkaufen.

Eine Ausnahme sind Kinderschuhe: Hier nutzen wir zwar auch schon mal gebrauchte Schuhe von anderen Kindern und kaufen dann einfach nur die Einlagen neu. Aber oft sind gebrauchte Schuhe schon so ausgetreten, dass wir für Herrn Babys Füße lieber neue Schuhe holen. Dabei ist uns wichtig, dass die Sohle weich und dünn ist.

UND WIE HÄLTST DU ES MIT BABYCREME, PUDER & CO?

Für die Babymassage haben wir immer Olivenöl genommen. Diesen Tipp hatte mein Freund von einem Masseur bekommen. Cremes nehmen wir nur, wenn Herr Baby krank ist oder einen Ausschlag am Popo hat. Dann wählen wir die Produkte aus der Shop Apotheke, die uns von unserer Hebamme empfohlen wurden, weil sie natürliche Materialien enthalten. Als Badezusatz haben wir anfangs auch nur einen halben Esslöffel Öl ins Wasser gemixt.

„Die Feuchttücher habe ich aus aussortierten Shirts geschnitten. Die haben wir anfangs in einem Behälter neben dem Wickeltisch gelagert, daneben stand eine Schüssel mit Wasser. Zur Pflege kann man ein paar Tropfen Öl hinzufügen."

Babybreie werden selbst gekocht und in Gläsern eingefroren.

SPIELEND EINFACH
Der Großteil der Spielzeuge ist secondhand oder besteht aus Holz

Mittlerweile ist Herr Baby zwei Jahre alt, und wenn er duscht, verwenden wir einfach unsere feste Seife. Zum Haarewaschen, was wir einmal die Woche machen, nutzen wir unser festes Shampoo, das für Kinder ab einem Jahr geeignet ist. Sonnencreme ist bei uns noch in der Plastikflasche, wir verwenden die mineralienbasierte „Edelweiss" von Weleda. Sie hinterlässt einen weißen Schimmer auf der Haut, was Herrn Baby gar nicht stört.

VERWENDEST DU FEUCHTTÜCHER? DU MACHST SIE WAHRSCHEINLICH SOGAR SELBST. HAST DU EIN REZEPT?

Zu Hause nutzen wir ausnahmslos Klopapier, Waschlappen oder Feuchttücher zum Wickeln. Die habe ich einfach aus aussortierten T-Shirts geschnitten. Anfangs haben wir sie in einem Behälter neben dem Wickeltisch gelagert, daneben stand eine Schüssel mit Wasser. Zur Pflege der Babyhaut kann auch hier noch ein wenig Öl hinzugefügt werden. Unsere Waschmaschine steht im Badezimmer, und nach einiger Zeit haben wir Herrn Baby nur noch dort gewickelt, weil es da fließendes Wasser gibt. Das macht alles noch unkomplizierter. Anfangs hatten wir unsere selbst gemachten Feuchttücher auch unterwegs dabei. Mittlerweile nutzen wir auch dann, wenn möglich, einfach nur Klopapier. Wir haben aber auch gekaufte Feuchttücher, die zu 99 Prozent auf Wasser basieren und aus Bio-Baumwolle sind, falls unterwegs mal ein größeres Missgeschick passiert. Eine Packung dieser Tücher hält bei uns etwa drei bis vier Monate.

WAS BRAUCHT MAN ÜBERHAUPT NICHT?

Das ist eine lustige Frage. Es gibt so viele Dinge, die man wirklich nicht braucht und die einfach nur super vermarktet werden.
Generell würde ich sagen, von allem einfach weniger. Bevor man sich 20 Mulltücher holt, reichen ja vielleicht auch drei. Und statt drei Rutscheautos genügt eines. Überhaupt möchten wir insgesamt lieber weniger Spielzeug und dafür mehr gemeinsame Zeit. Wir gehen fast jede Woche mit Herrn Baby schwimmen oder in den Zoo, fahren mit dem Zug und, und, und … Wir haben nie Quetschies (das ist fein püriertes Obst in einer Verpackung, die direkt in den Mund genommen und ausgedrückt werden kann) gekauft. Ich weiß, dass es mega einfach ist, so etwas fertig Verpacktes statt Obstpüree oder frischem Obst dabeizuhaben. Seit Herr Baby Essen liebt, haben wir das aber immer so gehandhabt. Mit neun Monaten hat er seine erste Birne gegessen, seitdem bekommt er immer ganzes Obst.

LEBST DU HERRN BABY SCHON NACHHALTIGKEIT VOR, WIE DINGE NICHT GLEICH WEGZUWERFEN, KEINE SNACKS AUS PLASTIK ETC.?

Herr Baby ist jetzt zwei und außer, dass er keine Quetschies bekommt, leben wir auch sonst möglichst bewusst. Es gibt zum Beispiel keine Birne, wenn er den Apfel nur halb gegessen hat. Kleinigkeiten halt erstmal – das wird später sicher mehr werden. Lustigerweise hat er irgendwann sogar selbst angefangen, Abfall auf dem Spielplatz aufzuheben und in den Müll zu werfen.

www.wastelesshero.com

Jetzt wird geputzt!

REINIGER KAUFEN ...

Vielleicht fragst du dich, ob du deine Putzmittel überhaupt selbst herstellen solltest, denn schließlich gibt es ja unzählige Ökovarianten zum Kauf auf dem Markt. Fraglos sind diese Produkte den konventionellen vorzuziehen. Sie sind besser abbaubar und werden manchmal sogar in einer umweltfreundlicheren Verpackung angeboten. Das ist in der Tat schon sehr gut – doch jetzt kommt das Aber: Denn meistens sind Stoffe enthalten, die unnötig sind, und auch die Verpackung musst du ja irgendwie, meistens im gelben Sack, entsorgen. Müll- und umwelttechnisch sind wir in dieser Hinsicht also nicht wirklich einen Schritt weiter.

... ODER SELBER MACHEN

Wenn du deine natürlichen Reiniger hingegen selbst herstellst, gibt es viele Gründe, die dafür sprechen. Als Erstes reduzierst du giftige beziehungsweise fragwürdige Chemikalien und unnötige Konservierungsmittel. Damit setzt du dich nicht länger etwaigen Gefahren aus und lebst gesünder. Der zweite Punkt ist, dass du keine Rückstände in deinem Putzwasser hinterlässt, die der Umwelt schaden können, wie zum Beispiel Mikroplastik.

Wusstest du, dass allein aus Kosmetika und Putzmitteln jährlich 977 Tonnen Mikroplastik sowie 46.000 Tonnen gelöste Polymere ins Abwasser fließen? Polymere sind glanz- und schutzgebende Kunststoffe, die Putz- und Pflegemitteln zugefügt werden. Sie schützen Oberflächen durch einen mechanischen Film, wirken schmutzabweisend und sind ein Hemmstoff gegen Vergrauung. Doch all das können natürliche Stoffe auch: Essig enthärtet hervorragend das Wasser, Natron schützt vor einem Grauschleier auf weißer Wäsche, und Olivenseife wirkt hervorragend schmutzabweisend.

Ein weiterer Punkt, der fürs Selbermachen spricht, ist, dass die Verwendung natürlicher Substanzen viel günstiger und ergiebiger ist. Zum Vergleich: Für einen Liter Allesreiniger zahlst du in der Ökovariante im Schnitt vier Euro. Stellst du ihn selbst her, liegst du bei nur 20 Cent. Außerdem benötigst du in der Regel weniger Grundstoffe. Seine Reiniger selbst herzustellen, ist also eine Variante, die durchaus sinnvoll ist.

Die 3 Schritte

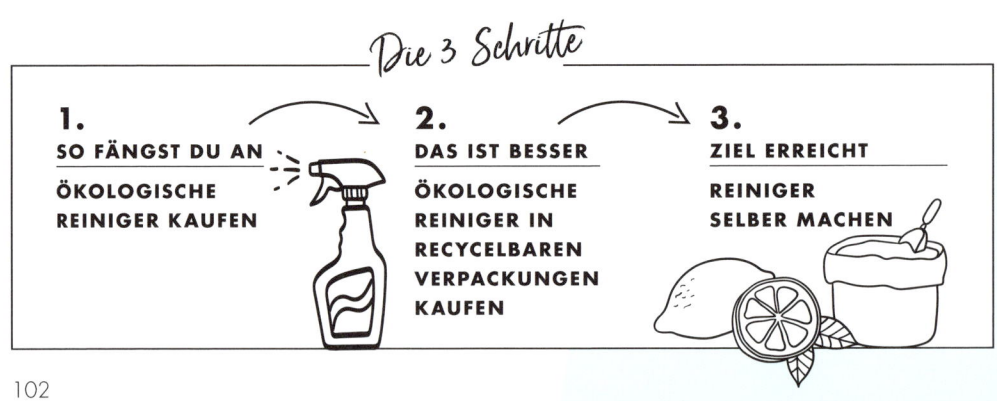

1.
SO FÄNGST DU AN
ÖKOLOGISCHE REINIGER KAUFEN

2.
DAS IST BESSER
ÖKOLOGISCHE REINIGER IN RECYCELBAREN VERPACKUNGEN KAUFEN

3.
ZIEL ERREICHT
REINIGER SELBER MACHEN

1.

NATRON

WAS IST ES:

Natriumhydrogencarbonat kennst du wahrscheinlich schon vom Backen. Es wird in einem chemischen Verfahren aus natürlichem Kochsalz gewonnen und ist somit ungiftig.

WOFÜR IST ES GEEIGNET:

Mit Natron lassen sich Gerüche neutralisieren, Gegenstände polieren, Oberflächen scheuern, und es ist als Allesreiniger einsetzbar. Es wirkt desinfizierend und besonders kalklösend und kann daher auch der Waschmaschine als Wasserenthärter zugefügt werden.

DAS IST ZU BEACHTEN:

Natron ist ein Salz, das sparsam verwendet werden sollte. Fliesen mit Natron und Essig zu reinigen, ist nicht immer möglich, denn Naturstein- und Marmorfliesen reagieren empfindlich auf das Produkt.

2.

ZITRONENSÄURE

WAS IST ES:

Zitronensäure ist eine wasserlösliche, organische Säure, die zu den Fruchtsäuren zählt.

WOFÜR IST ES GEEIGNET:

Mit Zitronensäure kannst du Waschpulver herstellen, Maschinen (Waschmaschine oder Wasserkocher) entkalken, Armaturen und Toilette reinigen und sogar verstopfte Abflüsse wieder frei bekommen.

DAS IST ZU BEACHTEN:

Da es eine Säure ist, vorsichtig damit umgehen. Verwendest du eine zu starke Dosierung, können Kunststoffteile angegriffen werden.

3.

SCHMIERSEIFE

WAS IST ES:

Schmierseife wird auch grüne Seife genannt. Es ist eine pastose, flüssige Seife, die auf Basis pflanzlicher Bestandteile (Pottasche und Wasser) hergestellt wird.

WOFÜR IST ES GEEIGNET:

Die Seife wirkt fettlösend, reinigt Böden und ist perfekt auch für den Außeneinsatz geeignet. Denn sie befreit Gartenmöbel und Blumentöpfe von Grünspan und Moos.

DAS IST ZU BEACHTEN:

Schmierseife ist alkalisch, und beim Anrühren mit Wasser entsteht eine Lauge, die Verätzungsgefahr birgt.

4.
KERNSEIFE

WAS IST ES:
Die Seife wird aus Fetten oder Ölen und Natron hergestellt, weshalb sie auch Natronseife genannt wird. Sie enthält keine Duftstoffe und ist daher auch für Allergiker geeignet.

WOFÜR IST ES GEEIGNET:
Du kannst damit Wasch- und Geschirrspülmittel mixen, Wäsche vorbehandeln und sie als Allzweckreiniger zum Einsatz bringen.

DAS IST ZU BEACHTEN:
Manche Kernseifen werden mit Palmöl produziert. Unser Tipp: Aleppo-Seife, sie wird nur aus Olivenöl und Lorbeer hergestellt.

5.
SODA

WAS IST ES:
Soda ist ein natürlich vorkommendes Salz, das in der Fachsprache Natriumcarbonat heißt.

WOFÜR IST ES GEEIGNET:
Es eignet sich als Putz-, Spül- und Waschmittel, entfernt Fett, Flecken und selbst hartnäckige Verschmutzungen bei angebrannten Töpfen und Pfannen.

DAS IST ZU BEACHTEN:
Soda ist als Gefahrenstoff gekennzeichnet und sollte deshalb vorsichtig verwendet werden. Augenkontakt, Einatmen und übermäßigen Hautkontakt vermeiden.

6.
HAUSHALTSESSIG

WAS IST ES:
Essig besteht zu 5 % Essigsäure und zu 95 % aus Wasser. Zum Vergleich: Essigessenz wird aus 25 % Säure und nur 75 % Wasser gemischt und meist künstlich produziert.

WOFÜR IST ES GEEIGNET:
Mit der Säure lassen sich Schimmel entfernen, Fenster putzen, Wäsche entfärben, und sie ist auch als Allesreiniger verwendbar. Außerdem wirkt Essig desinfizierend, weshalb du damit auch dein Schneidebrettchen reinigen kannst.

DAS IST ZU BEACHTEN:
Für das Reinigen von Silikonfugen eignet sich Zitronensäure besser. Essig enthält Weichmacher, sodass deine Fugen mit der Zeit an Elastizität verlieren. Ebenfalls vorsichtig solltest du bei Gummidichtungen und Aluminiumoberflächen sein. Zusammen mit Natron oder Soda wirkt Essig stark, deshalb erst kurz vorher vermischen.

Putztücher & Bürsten

Um Müll zu vermeiden, verwende keine Einwegtücher. Hast du Putztücher und Lappen aus Mikrofaser, behalte auch sie, denn sie wegzuwerfen, nur um mit einer ökologischen Variante zu putzen, ist nicht sinnvoll. Wenn du aber neue Lappen brauchst, weil die alten kaputtgegangen sind, kannst du sie aus Frotteehandtüchern selbst nähen, aus Wolle stricken oder welche aus recycelten Stoffresten beziehungsweise Bio-Baumwolle anschaffen. Die konventionellen gelben Putzschwämme bestehen übrigens, wie die meisten Supermarkt-Putztücher, aus Plastik und können nicht recycelt werden, sondern müssen im Hausmüll entsorgt werden.

Die Bürsten

AUS HOLZ & MIT KÖPFCHEN

Verwende Bürsten, die aus Buchenholz gefertigt werden und mit auswechselbaren Bürstenköpfen ausgestattet sind. So muss bei Bedarf nicht die ganze Bürste entsorgt und neu gekauft werden, sondern nur die beanspruchten Borsten. Achte beim Kauf darauf, dass auch sie aus nachwachsenden Rohstoffen bestehen.

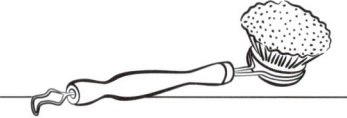

Ätherische Öle & ihre Eigenschaften

WAS SIND ÄTHERISCHE ÖLE?

Ätherische Öle sind stark riechende, biochemische Verbindungen verschiedener Pflanzenteile. Sie sind fettlöslich, obwohl sie keine Fette enthalten. Im Gegensatz zu fetten Ölen verdampfen ätherische Öle rückstandsfrei.

BERGAMOTTE

Antibakteriell, antiviral, je nach Situation anregend oder beruhigend

EUKALYPTUS

Antibakteriell, antimykotisch, antiviral, anregend, konzentrationsfördernd

GRAPEFRUIT

Stimmungsaufhellend, antibakteriell, fettlösend, konzentrationsfördernd

LAVENDEL

Beruhigend, antibakteriell, antiviral, antifungal

MINZE

Antibakteriell, antimykotisch, anregend, erfrischend

ORANGE

Entfettend, reinigend, antibakteriell

MINZE

Antibakteriell, antimykotisch, anregend, erfrischend

TEEBAUMÖL

Antibakteriell, antimykotisch, antiviral

ZITRONE

Erfrischend, aktivierend, stimmungsaufhellend, antibakteriell, antiviral, konzentrationsfördernd

ZITRONENMELISSE

Beruhigend, konzentrationsfördernd, antibakteriell

DIE ANWENDUNG

Die starke Wirkung einiger Kräuter ist hinlänglich bekannt, und so verhält es sich auch mit den daraus produzierten ätherischen Ölen. Bei Kindern und schwangeren Frauen sollte daher auf ihren Einsatz verzichtet werden. Es empfiehlt sich, immer nur wenige Tropfen in den Reiniger zu geben.

Zu Gast bei:

SAUBERKASTEN

Jeanette und Jette, die Gründerinnen von Sauberkasten, für dich im Interview

EINIGE LEUTE ZWEIFELN DARAN, DASS MAN MIT SELBST GEMACHTEN REINIGERN GUT PUTZEN KANN. WIE IST EURE ERFAHRUNG?

Diese Zweifel teilen wir überhaupt nicht. Einige Reiniger aus Hausmitteln funktionieren sogar besser als gekaufte. Mit Essig zum Beispiel wird Glas glänzender als mit jedem Glasreiniger, den ich früher gekauft habe. Ein weiteres Beispiel ist Natron, ein wahrer Alleskönner im Haushalt, mit dem sogar eklig verkrusteter Schmutz weggeschrubbt werden kann.

WELCHE SUBSTANZEN BRAUCHT MAN EIGENTLICH? UND BEKOMMT MAN SIE AUCH OHNE PLASTIKVERPACKUNGEN?

Eigentlich ist man mit Natron, Essig und Kernseife schon gut fürs Putzen und Waschen ausgestattet. Wer es minimalistisch mag, braucht nicht mehr als diese drei. Im Sauberkasten sind aber außerdem noch Zitronensäure, Waschsoda und ätherische Öle enthalten, die das Haushaltspaket abrunden.
Im Supermarkt oder bei Drogerieketten werden für diese Zutaten oft Plastikverpackungen verwendet. Es gibt aber immer mehr Unverpackt-Läden, die sie

auch lose anbieten. Die Zutaten von Sauberkasten werden möglichst plastikfrei verpackt, und die Papiertüten sind innen mit einer Folie aus pflanzlichen Rohstoffen beschichtet.

MAN BRAUCHT ALSO NICHT FÜR JEDE ANWENDUNG EIN EXTRAPRODUKT. WAS HALTET IHR FÜR ÜBERFLÜSSIG?

Wir finden, dass man wenige Mittel für viele Anwendungen einsetzen kann und darum nicht unzählige Spezial-produkte benötigt. So kann man einen Allzweckreiniger für die ganze Wohnung nutzen, statt zusätzlich noch Küchenreiniger und Badreiniger zu kaufen. Dafür mischt man einfach 60 Milliliter Essigessenz (25 %ig) mit 500 Milliliter Wasser und gibt noch ein paar Tropfen ätherisches Öl dazu. Das funktioniert auf Arbeitsflächen, Fliesen, Holz, Böden, Glas, …, nur nicht auf Aluminium und Naturstein.

WIE LANGE HALTEN DIE REINIGER? MUSS MAN DABEI AUF ETWAS SPEZIELLES ACHTEN?

Die Reiniger können eigentlich gar nicht schlecht werden und halten sich über Monate. Man sollte nur ein, zwei

Das Allesreiniger-Rezept:
Mische 60 Milliliter Essigessenz (25 %ig)
mit 500 Milliliter Wasser und gib noch
ein paar Tropfen ätherisches Öl dazu.

Dinge bei der Lagerung beachten: Soda zieht sehr schnell Feuchtigkeit an und neigt deshalb zum Verklumpen. Darum sollten Soda und auch selbst gemachtes Spülmaschinenpulver möglichst luftdicht und trocken aufbewahrt werden. Das selbst gemachte Waschmittel sollte nicht kühler als 15 Grad stehen, da es sonst zu fest werden kann.

ESSIG PUR IST JA NICHT SO ANGENEHM ZU RIECHEN ... WIE KANN MAN DIE REINIGER ZUM DUFTEN BRINGEN?

Ja, stimmt, Essig riecht schon recht stark. Aber was viele nicht wissen: Der Geruch verfliegt sehr schnell und neutralisiert sogar andere Gerüche! Wir machen in unseren Essigreiniger außerdem ein paar Tröpfchen ätherisches Öl. Das bringt einen schönen Duft mit sich und je nach Öl weitere Wirkkräfte, zum Beispiel gegen Bakterien, Viren und Pilze.

WISST IHR, WIE SICH ESSIG UND NATRON ABBAUEN?

Essig ist eine Säure, Natron ein Salz. Beide kommen in der Natur vor, wobei Essigessenz und Natron eigens für den Handel hergestellt werden. Trotzdem sind die beiden Stoffe, ebenso wie ihre natürlich vorkommenden Verwandten, zu 100 Prozent biologisch abbaubar. Der Abbau erfolgt unter anderen durch die Reaktion mit anderen Stoffen oder unter Wärmezufuhr.

IST PUTZMITTEL SELBER ZU MACHEN GÜNSTIGER ALS REINIGER ZU KAUFEN?

Ja, auf jeden Fall. Die benötigten Hausmittel sind günstig zu bekommen und sehr ergiebig – ganz zu schweigen davon, dass sie verträglicher für die eigene Gesundheit und die Umwelt sind und Verpackungsmüll vermieden wird. Zudem spart man Geld, wenn man Reinigungsmittel nicht überdosiert, weil dann die Vorräte länger halten. Wer mit dem Sauberkasten lernen möchte, Reiniger selbst zu machen, erhält die Rezepte und Zutaten für zehn verschiedene Mittel, die auch mehrmals angewendet werden können. Mit 35 Euro für die günstigste Variante gibt man im Durchschnitt genauso viel aus, wie für die entsprechenden fertig gekauften Bio-Reiniger. Später muss man dann nur noch die Zutaten nachkaufen.

www.sauberkasten.com

Allesreiniger

MIT ESSIG
800 ml Wasser, 100 ml Essig,
10 Tropfen ätherisches Öl

Fülle zuerst das Wasser in deine Flasche, dann den Essig und abschließend das Öl. Nun schüttelst du alles einmal durch – fertig! Vor jedem Gebrauch wieder schütteln.

MIT ZITRONENSÄURE
1 l Wasser, 3 EL Zitronensäure

Zuerst das Wasser in die Flasche füllen, anschließend die Zitronensäure. Flasche einmal durchschütteln. Vor jedem Gebrauch schütteln, damit sich Wasser und Säure verbinden.

MIT NATRON
1 l Wasser, 4 TL Natron,
4 TL geriebene Olivenseife (Kernseife)

Fülle das Wasser in die Flasche, erst danach Natron und Kernseife. Auch hier gilt: Flasche vor jedem Gebrauch einmal durchschütteln.

PUTZPASTE
3 EL Natron, 3 EL Wasser

Verrühre Natron und Wasser in einer Schüssel und schon kannst du mit einer Bürste die Fugen deiner Fliesen oder andere stark verschmutzte Flächen putzen.

Spülmittel

MIT KERNSEIFE
Entweder 1 EL Kernseifeflocken oder einfach
die Stückseife auf einem Lappen aufschäumen

Mit einfacher Kernseife (Olivenölseife) kannst du dein Geschirr sehr leicht sauber waschen. Dafür nur ein paar Flocken ins Spülwasser oder auf den sauberen Lappen geben.

MIT LAVENDEL
1 TL Natron, 20 g Olivenölseife, 500 ml
Wasser, 10 Tropfen ätherisches Lavendelöl

Natron und die Olivenölseife in einer Schüssel vermischen und das heiße Wasser darüberschütten. Ist alles etwas abgekühlt, kannst du das Lavendelöl hinzufügen.

FÜR DEN GESCHIRRSPÜLER
100 g Zitronensäure, 100 g Natron,
200 g Waschsoda

Vermische alle Zutaten in einem großen Glas. Für jeden Spülgang benötigst du nur einen Esslöffel.

Küche

BACKOFENREINIGER
2 EL Natron, 2 EL Essigessenz,
3 Tropfen flüssige Kernseife

Verrühre alle Zutaten in einer
Schüssel. Mit der entstandenen Paste
schrubbst du den Ofen, lässt das
Ganze 10 Minuten einweichen und
wischst dann mit einem feuchten
Lappen alles sorgfältig aus. Bitte die
Putzrückstände vollständig beseitigen!

Badezimmer

TOILETTENREINIGER
1 TL Natron, ein paar Sprüher vom
Essig-Allesreiniger (siehe linke Seite)

Gib das Natron in die Toilette und
sprühe etwas Essig-Allesreiniger
darüber. Etwas einweichen lassen
und losputzen.

FÜR DEN ABFLUSS
4 EL Natron, 3 EL Essigessenz,
100 ml heißes Wasser

Schütte Natron und Essigessenz in
den Abfluss – aber Achtung, das
schäumt etwas. Einwirken lassen.
Gieße nach 30 Minuten das heiße
Wasser darüber. Tipp: Ist dir der
Essiggeruch zu stark, füge ein paar
Tropfen ätherisches Öl hinzu.

FÜR DEN SPIEGEL
800 ml Wasser, 100 ml Essig,
10 Tropfen ätherisches Öl

Fülle alle Zutaten in eine Flasche und
schüttle sie ordentlich durch. Den
Reiniger kannst du für Fenster-
scheiben, Glasoberflächen und
Spiegel verwenden. Wische die
Flächen mit einem Leinentuch trocken.
Alternativ kannst du auch Zeitungs-
papier verwenden.

Putz-Checklisten fürs Frühjahr

Wohnzimmer

		REINIGER	√
COUCHGARNITUR	ABSAUGEN		
SCHRÄNKE/REGALE	ABSTAUBEN, ABWISCHEN	ALLESREINIGER	
BODEN	SAUGEN, WISCHEN	ALLESREINIGER	
BILDERRAHMEN	ABWISCHEN		
LAMPEN	ABWISCHEN		

Küche

		REINIGER	√
KOCHBEREICH	CERANFELD/KOCHFELD REINIGEN BEI GAS: BRENNER & DECKEL REINIGEN	PUTZPASTE	
ARBEITSPLATTE	ABWISCHEN	ALLESREINIGER	
SPÜLE	REINIGEN, ABFLUSS REINIGEN	PUTZPASTE, ABFLUSSREINIGER	
DUNSTABZUGSHAUBE	ABWISCHEN	PUTZPASTE	
BACKOFEN	AUSWISCHEN	BACKOFENREINIGER	
KÜHLSCHRANK	INNEN & AUSSEN WISCHEN	ALLESREINIGER	
KÜCHENSCHRÄNKE	ABWISCHEN	ALLESREINIGER	
BODEN	SAUGEN, WISCHEN	ALLESREINIGER	
GERÄTE	ABWISCHEN	ALLESREINIGER	
LAMPEN	ABWISCHEN	ALLESREINIGER	
MÜLLEIMER	INNEN & AUSSEN ABWISCHEN	ALLESREINIGER, PUTZPASTE	

Schlafzimmer

		REINIGER	√
BETT	BETTGESTELL REINIGEN, FRISCHES BETTZEUG	ALLESREINIGER (ESSIG)	
SCHRANK	SCHRANKFRONTEN REINIGEN, INNENSCHRÄNKE REINIGEN	ALLESREINIGER (ESSIG)	
STÜHLE/TISCH	ABWISCHEN	ALLESREINIGER	
BODEN	SAUGEN, WISCHEN	ALLESREINIGER	

Badezimmer

		REINIGER	√
FLIESEN	ENTKALKEN	ALLESREINIGER	
BADEWANNE	REINIGEN, ENTKALKEN, ABLAGE REINIGEN	ALLESREINIGER, PUTZPASTE	
DUSCHE	INNEN & AUSSEN REINIGEN, ARMATUR ENTKALKEN	PUTZPASTE, ABFLUSSREINIGER	
WASCHTISCH	INNEN & AUSSEN REINIGEN, ABFLUSS REINIGEN, ARMATUR ENTKALKEN	PUTZPASTE, ABFLUSSREINIGER, ALLESREINIGER	
SPIEGELSCHRANK	VON AUSSEN REINIGEN, ZAHNPUTZBECHER WASCHEN, INNENSCHRÄNKE REINIGEN	ALLESREINIGER, SPÜLMITTEL,	
TOILETTE	DESINFIZIEREND REINIGEN	TOILETTENREINIGER	
BODEN	SAUGEN, WISCHEN	ALLESREINIGER	
LAMPEN	ABWISCHEN	ALLESREINIGER	
TÜR	ABWISCHEN	ALLESREINIGER	
MÜLLEIMER	ENTLEEREN, ABWISCHEN	ALLESREINIGER	
SPIEGEL	ABWISCHEN	GLASREINIGER	

Sonstiges

		REINIGER	√
SCHREIBTISCH	ABWISCHEN	ALLESREINIGER	
FENSTER	ABWISCHEN	ALLESREINIGER	
TÜREN	ABWISCHEN	ALLESREINIGER	
KLEINE TEPPICHE	ABSAUGEN, DARUNTER REINIGEN		

Ran an die Wäsche

Waschmaschine auslasten, bei niedrigen Temperaturen waschen, weniger Waschmittel verwenden – das alles sind wichtige Schritte zu mehr Nachhaltigkeit. Außerdem kannst du deine Waschmittel auch noch selber herstellen.

Beim Wäschewaschen sind wir uns alle einig: Die Wäsche soll hygienisch sauber werden, die Farben sollen möglichst nach jedem Waschgang leuchten, und Weißes darf nicht vergrauen – wir sind ganz schön verwöhnt von all den Produkten, die es auf dem Markt gibt. Und deshalb fragen wir uns: Erfüllt denn auch nachhaltiges und ökologisches Waschen unsere Bedürfnisse nach sauberer Wäsche?

Fangen wir bei der Waschmaschine an. Wie immer gilt auch hier: Wenn eine da ist, dann bitte auch so lange wie möglich verwenden. Steht aber der Kauf einer neuen Maschine an, sollte diese selbstverständlich energieeffizient und wassersparend sein und dabei nur so groß wie nötig. Die Waschtrommel muss nämlich bei jeder Wäsche möglichst gut befüllt und richtig auslastet werden, sonst wäscht die Maschine nicht effizient, und wertvolle Energie wird vergeudet.

TIPP: Für einen Ein- bis Zweipersonenhaushalt reicht eine Maschine mit einem Fassungsvermögen von fünf Kilogramm, bei zwei bis vier Personen sollten es sechs und bei größeren Haushalten acht Kilogramm sein.

IMMER SCHÖN COOL BLEIBEN

Je niedriger die Temperatur beim Waschen ist, desto mehr Energie wird eingespart – wie heiß gewaschen wird, hat also einen großen Einfluss auf die Umwelt. Bei hohen Temperaturen wird mehr Energie benötigt, um das Wasser aufzuheizen. Doch du kannst getrost herunterschalten, denn mittlerweile ist bewiesen, dass die Wäsche auch bei niedrigen Temperaturen super sauber wird. Für normal verschmutzte Wäsche reichen 30–40 Grad völlig aus, bunte T-Shirts und Blusen, die nur leicht verschmutzt sind, werden sogar schon bei 20 Grad sauber. Immerhin sparst du fast die Hälfte an Strom ein, wenn du anstelle von 60 Grad das 40-Grad-Programm wählst. Und der Stromverbrauch sinkt natürlich weiter, wenn du bei nur 30 oder 20 Grad wäschst.

Ist jemand im Haushalt krank oder hat mit einem schwachen Immunsystem zu kämpfen, sollte allerdings bei 60 Grad gewaschen werden, damit Krankheitskeime abgetötet werden.

DIE RICHTIGE TEMPERATUR

Unsere Tabelle gibt eine kleine Übersicht über die passenden Waschtemperaturen.
Es hängt aber auch vom Material ab, was wie heiß gewaschen werden kann.
Beachte deshalb immer auch das Etikett mit den Waschempfehlungen.

KLEIDUNGSSTÜCK	TEMPERATUR
UNTERWÄSCHE, LEICHT VERSCHMUTZT	30–40 GRAD
UNTERWÄSCHE, STARK VERSCHMUTZT	60 GRAD
BETTWÄSCHE	40 GRAD
HANDTÜCHER, WASCHLAPPEN	40–60 GRAD
T-SHIRTS UND SWEATSHIRTS, LEICHT VERSCHMUTZT	30 GRAD
HOSEN, LEICHT VERSCHMUTZT	30 GRAD
ARBEITSKLEIDUNG, SCHLECHT RIECHENDE KLEIDUNG	40 GRAD
BLUSEN, LEICHT VERSCHMUTZT	20–30 GRAD
SOCKEN	30–40 GRAD

TIPP: Sortiere deine Wäsche in helle und dunkle Textilien beziehungsweise in bunt und weiß. So bleiben die Farben länger frisch, und gerade Weißes vergraut nicht so schnell.

TIPP: Reißverschlüsse besser vor dem Waschen schließen, sonst leiern sie aus und gehen schneller kaputt. Knöpfe bleiben hingegen offen, damit sie beim Schleudern nicht abgerissen werden.

PFLEGE DER „HARDWARE"

Nicht nur die Wäsche, auch die Waschmaschine will gepflegt werden, dann hält sie nämlich länger. Außerdem können sich eventuelle Keime in Waschmittelfach, Flusensieb, Gummis und verborgenen Ecken nicht länger festsetzen. Alle sechs Monate sollte so ein „Sauberprogramm" für die Waschmaschine laufen.

SO GEHT'S:

- Alle Ritzen, Gummis und Metallteile mit warmem Wasser und Neutralreiniger auswaschen.

- Mit dieser Mischung auch das Waschmittelfach gründlich reinigen und mit kochend heißem Wasser nachspülen.

- 6 Esslöffel Zitronensäure mit einem halben Liter warmem Wasser mischen, in die Trommel laufen lassen und die Maschine bei 40 Grad leer waschen.

TROCKNER – JA ODER NEIN?

Dass die Wäsche schnell trocknet, er also Zeit einspart, ist wohl das Hauptargument für einen Wäschetrockner. Fakt ist aber: Am ökologischsten ist das Aufhängen auf die Leine an der frischen Luft oder im Haus. Dauert halt etwas länger. Aber nicht jeder hat genügend Platz zum Wäscheaufhängen. Trotzdem solltest du überlegen, ob du dieses Gerät wirklich benötigst.

WORAUF DU MIT EINEM TROCKNER ACHTEN SOLLTEST

Wenn die Textilien es erlauben, zuerst in der Waschmaschine so stark schleudern wie möglich, denn je weniger Wasser in den Kleidungsstücken verbleibt, desto kürzer muss der Trockner laufen. Wird die Wäsche in der Waschmaschine statt mit 800 Umdrehungen mit 1.400 Umdrehungen geschleudert, verbraucht der Trockner ein Drittel weniger Strom, während umgekehrt die Waschmaschine für die höheren Umdrehungen weit weniger Energie benötigt. Auch was in das Gerät kommt, hat Einfluss auf die Trockenzeit. Frotteehandtücher und Bettwäsche passen zum Beispiel nicht so gut in eine Maschine, weil die Handtücher länger brauchen, bis sie trocken sind. Deshalb am besten ähnliche Materialien zusammen trocknen.

Waschmittel selbst gemacht

Es gibt so viele Waschmittelarten – für weiße, bunte und schwarze Wäsche – zur Wahl stehen Vollwaschmittel, Wollwaschmittel Spezialwaschmittel, flüssige Waschmittel, Waschpulver und mehr. Sie enthalten in der Regel synthetische Inhaltsstoffe, die zum Reinigen der Wäsche gar nicht alle nötig sind, ihre Herstellung ist energieintensiv und die chemischen Inhaltsstoffe, die ins Abwasser gelangen, belasten unsere Gewässer. Es ist also sinnvoll, darüber nachzudenken, sich sein eigenes, nachhaltiges und umweltverträgliches Waschmittel selbst herzustellen.

Als wir uns erstmals mit ökologisch sinnvollen Alternativen zu den herkömmlichen Mitteln beschäftigt haben, war die Waschküche noch ein Experimentierfeld. Heute waschen wir mit Kastanien, Efeu, Waschsoda & Co. und machen uns unser Waschmittel immer öfter selbst.

In den fertigen Kaufprodukten sind Wasserenthärter enthalten. Sie binden Kalk, der sich sonst in der Maschine und auf den Textilien absetzen und das Waschergebnis verschlechtern würde. (Obwohl es also meistens gar nicht nötig ist, wird beim Waschen oft noch zusätzlich Wasserenthärter zugefügt, daran solltest du beim nächsten Waschen denken.) In selbst hergestellten Waschmitteln, zum Beispiel aus Kastanien, fehlt dieser Zusatz. Deshalb kannst du Waschsoda zufügen. Bei weichem Wasser 8–10 Gramm, bei mittelhartem 15–20 Gramm und bei hartem Wasser 25–30 Gramm.

TIPP: Obwohl immer wieder darüber diskutiert wird, dass Essig möglicherweise die Dichtungen und Gummiteile der Waschmaschine angreift, haben wir die Erfahrung gemacht: Essig ist, richtig angewendet, ein toller Reiniger und wirkt zudem wie ein Weichspüler.

DAS IST WICHTIG:

- Wenn du die Waschmaschine mit Essig säuberst, vorher mit Wasser verdünnen.
- Essigessenz muss bei jeder Verwendung mit Wasser verdünnt werden.
- 150 ml Essig, zum letzten Spülgang dazugegeben, wirkt als Weichspüler.

TIPP: Wer leicht duftende Wäsche mag, träufelt in sein selbst gemachtes Waschmittel etwas ätherisches Öl, zum Beispiel Zitrone oder Lavendel. Bei Temperaturen bis 40 Grad hält sich der Duft.

WASCHNÜSSE

Schon vor zwanzig Jahren waren Waschnüsse in der Ökoszene in und gerieten dann irgendwann in Vergessenheit; heute sind sie aber wieder sehr beliebt. Der Baum, von dem die Früchte stammen, heißt Sapindus mukorossi und zählt – wie könnte es anders sein – zu den Seifenbaumgewächsen, deren Früchte Saponin enthalten, also waschaktive

KASTANIEN-WASCHMITTEL

Zutaten für einen Waschgang: 7 saubere, trockene Rosskastanien, 300 ml Wasser

Die Kastanien achteln, mit dem Wasser übergießen und über Nacht stehen lassen. Vor dem Waschgang durch ein Sieb ins Waschmittelfach abgießen und je nach Härtegrad des Wassers etwas Waschsoda zufügen.

EFEU-WASCHMITTEL

Zutaten: 2–3 Handvoll Efeublätter, Baumwoll- oder Leinenwaschbeutel

Gib die Efeublätter in den Baumwoll- oder Leinenwaschbeutel und lege das Ganze zur Wäsche in die Waschtrommel. Deine Klamotten werden wirklich sauber, allerdings ist es wichtig, dass du die Wäsche gut sortierst. Einen Farbschutz hat Efeu nämlich nicht, sodass weiße Wäsche zwischen dunkleren Fasern leicht grau wird. Je nach Härtegrad des Wassers etwas Waschsoda zufügen.

FLÜSSIGES WASCHMITTEL

Zutaten: 2 EL Kernseife, 800 ml kochendes Wasser, 2 EL Waschsoda, ca. 15 Tropfen ätherisches Öl

Zunächst wird die Kernseife gehobelt und mit etwas von dem heißen Wasser vermischt. Die Flocken sollen sich ganz auflösen. Dann fügst du das Waschsoda hinzu und verrührst alles mit dem restlichen Wasser. Wenn du duftende Wäsche magst, gibst du noch ein paar Tropfen deines Lieblingsöls dazu – fertig ist das Waschmittel. Vor Gebrauch schütteln und pro Waschgang ca. 100 ml verwenden.

Substanzen. (Ganz nebenbei: Ist es nicht wunderbar, was die Natur alles für uns bereithält? Wir sind unglaublich beeindruckt von den Schätzen dieser Erde.) Nach der Ernte der Waschnüsse werden die Früchte aufgebrochen, die Kerne entfernt und die Schalen getrocknet. Zwei Kilogramm der Nüsse reichen etwa ein Jahr, wenn du bis zu viermal pro Woche wäschst. Damit die Waschkraft sich gut entfalten kann, werden vier bis sechs Nüsse in kleinere Stücke gebrochen, in ein verschließbares Waschsäckchen gefüllt und in die Waschtrommel zur Wäsche gelegt.

Einigen Untersuchungen zufolge sollen Waschnüsse die Wäsche nach einer Weile ergrauen lassen. Deshalb ist es zum einen sinnvoll, die Wäsche in hell und dunkel zu sortieren, zum anderen fügen wir ab und zu ein ökologisches Bleichmittel hinzu. Das machen wir übrigens hin und wieder auch bei unseren anderen selbst gemachten Waschmitteln. In Bioläden gibt es eine gute Auswahl von ökologisch vertretbaren Bleichmitteln.

Der einzige Nachteil der Waschnüsse: Sie stammen aus Asien und haben einen langen Transportweg. Aus unserer Sicht lohnt es sich aber trotzdem, mit diesen kleinen Naturwundern zu waschen. Alternativ kannst du aber auch Kastanien verwenden, die ebenfalls Saponine enthalten, allerdings nicht ganzjährig zur Verfügung stehen.

STARKE WÄSCHE

Ab und zu braucht man vielleicht mal Sprühstärke, zum Beispiel für Tischdecken und Läufer oder für weiße Hemden und Hemdkragen. Die Textilien werden durch die Stärke fester und auch schmutzabweisender. Handelsübliche Produkte sind leider nur in Sprühdosen mit Plastikdeckel erhältlich – also wenig umweltfreundlich, ganz abgesehen von diversen weiteren Inhaltsstoffen. Und so oft braucht man Stärke ja wirklich nicht. Wir haben deshalb versucht, selbst Stärke aus Kartoffeln zu machen. Das daraus entstehende Pulver kann vielseitig ver-

wendet werden, selbst in der Küche zum Andicken von Soßen oder beim Backen. Die Herstellung ist ein bisschen aufwendig, aber sie lohnt sich. Die Stärke wird zu Sprühstärke für die Wäsche weiterverarbeitet oder als Vorrat für die Küche aufbewahrt.

Du brauchst: zehn mittelgroße, mehligkochende Kartoffeln und 500 Milliliter Wasser. Die Kartoffeln schälen und fein reiben. In ein sauberes Küchenhandtuch geben und fest auspressen, dabei das entstandene Kartoffelwasser in einer Schüssel abfangen und so lange stehen lassen, bis sich die Stärke abgesetzt hat. Das Kartoffelwasser vorsichtig abgießen und die

Stärke mit 250 Milliliter Wasser gut verrühren. Jetzt muss wieder bis zum Absetzen gewartet werden, dann Wasser abgießen und die ganze Prozedur erneut mit dem restlichen Wasser durchführen. Übrig bleibt ein weißes, feuchtes Pulver, das auf einem Tuch verteilt und an einem trockenen, warmen Platz getrocknet wird. In einem dunklen Schraubglas aufbewahrt, hält es sich einige Monate.

Für die Sprühstärke wird ein Esslöffel der Stärke in einem Liter destilliertem Wasser aufgelöst und erhitzt, ohne zu kochen. Die etwas abgekühlte Flüssigkeit durch ein sauberes Küchentuch gießen und in eine Sprühflasche umfüllen.

WASCHMITTEL-CHECK

Nicht immer bleibt genügend Zeit, um Waschmittel selber zu machen, dann greifen auch wir zu Fertigprodukten, denn es gibt natürlich auch ökologisch vertretbare Mittel. Richtig nachhaltig handelst du, wenn du folgende Auswahlkriterien berücksichtigst:

- Loses Waschpulver ist besser als Flüssigwaschmittel, das häufig mehr Tenside enthält.
- Loses Waschpulver ist besser als einzeln in Plastik verpackte Tabs, die nicht dosiert werden können.
- Ein Baukastensytem bei Waschmitteln ist besonders gut, weil du hier ein Grundwaschmittel, Wasserenthärter und Bleichmittel nach Bedarf dosieren kannst. Bleichmittel wird für weiße Wäsche benötigt, bei bunter Wäsche kann es weggelassen werden, der Wasserenthärter wird je nach Härtegrad des Wassers zugegeben und das Grundwaschmittel nach Verschmutzung dosiert. Das Baukastensystem ist deshalb viel nachhaltiger als ein Vollwaschmittel.
- Lieber etwas weniger Waschmittel nehmen als zu viel. Beachte am besten die Angaben auf der Verpackung.
- Auf die Vorwäsche kannst du fast immer verzichten, auch auf den Weichspüler, der mit der Sauberkeit der Wäsche nichts zu tun hat. Wenn du auf weiche Wäsche stehst, dann mach dir den Weichspüler doch einfach selber.
- Achte auf Labels und Siegel, die dir gute Hinweise auf die Umweltverträglichkeit der Mittel geben. In Last but not least findest du eine Liste zur Übersicht.

WEG MIT DEM FLECK

Manche Flecken lassen sich ganz einfach herauswaschen, andere sind leider hartnäckiger. Von der Industrie werden für alle möglichen und unmöglichen Flecken spezielle Entferner angeboten; unsere Allzweckwaffe ist aber schlicht und einfach Gallseife, die aus einer Mischung aus Kernseife und Rindergalle besteht. Die darin enthaltenen Enzyme wirken aktiv gegen viele verschiedene Flecken,

zum Beispiel Fett und Öl, Blut, Ei, Kaffee, Obst- und Weinflecken, Make-up, Gras und Erde.

So wird's gemacht: Die Gallseife anfeuchten, den Fleck mit der Seife einreiben, und dann ab mit dem Kleidungsstück in die Waschmaschine und normal waschen.

TIPP: Achte beim Kauf von Gallseife darauf, dass kein Palmöl enthalten ist.

TIPP: Bei empfindlichen Stoffen immer erst an einer unauffälligen Stelle ausprobieren, ob der Fleckenentferner auch keinen Schaden anrichtet.

Wenn du vegan lebst und komplett auf tierische Produkte verzichtest, kann auch eine palmölfreie Kernseife gute Dienste leisten. Sie wird genauso wie die Gallseife gehandhabt, und wird der Fleck gut mit der Seife eingerieben, wirkt auch die mechanische Reibung schon als Fleckenlöser.

WEICHSPÜLER

Zutaten: 3 EL Zitronensäurepulver, 600 ml Wasser, 10 Tropfen Teebaumöl

Zitronensäure und Wasser in eine Flasche füllen, Teebaumöl zugeben und alles gut vermischen. Für duftende Wäsche noch ein paar Tropfen des ätherischen Lieblingsöls zugeben.

Kapitel 3

My Green Bathroom

*Man glaubt es nicht, wo sich kleine Umweltsünden überall
verstecken können. Doch gerade im Badezimmer finden
sich einige Bösewichte, die wir leicht ersetzen oder sogar
ganz weglassen können.*

Dein Badezimmer – ein kleines Plastikuniversum

Erst, wenn du ganz bewusst hinschaust, fällt dir auf, wie viel dort tatsächlich aus Plastik ist.

Das kennst du bestimmt: In der Dusche häufen sich Shampooflaschen und verschiedene Duschgele. Am Waschbecken liegen Plastikzahnbürste und Zahnpasta, im Regal stehen Cremes in Tiegeln neben Wattepads und Deo zum Sprühen. Und nichts davon ist plastikfrei, nicht in der Verpackung und meistens auch nicht im Inhalt, Stichwort Mikroplastik. Selbst das Toilettenpapier ist umhüllt von einer dünnen Kunststoffverpackung. Und wenn die Tuben und Tiegel leer sind und der Rasierer stumpf, landet alles im Müll. Jeder Deutsche produziert 37,5 Kilogramm Plastikmüll im Jahr, wie die europäische Statistikbehörde Eurostat ermittelt hat. Deutschland liegt damit sechs Kilo über dem EU-Durchschnitt und auf Platz vier im Ländervergleich. An der Spitze steht Irland mit 60, am unteren Ende Bulgarien mit knapp 14 Kilo. Apropos: Wusstest du, dass zwischen 2005 und 2015 die Menge an Plastikmüll in Deutschland um 29 Prozent gestiegen ist? Und nur ein geringer Teil davon wird recycelt, das meiste landet in den Verbrennungsanlagen – es ist also allerhöchste Zeit, das eigene Verhalten zu überprüfen. Nachdem wir bereits Küche und Haushalt nach Überflüssigem durchforstet haben, wandern wir nun in unser Badezimmer, auf der Suche nach ökologisch-nachhaltigem Ersatz für umweltschädigende Produkte.

AUF INS BAD

Dort können wir enorm viel Plastik finden, sei es bei Kosmetik- und Hygieneartikeln oder bei Gebrauchsgegenständen wie Seifenspendern, Toilettenbürsten, Mülleimern, Badeschwämmen und Handtüchern. Die gute Nachricht ist: Fast alles lässt sich durch ökologische und nachhaltige Produkte austauschen. Jetzt aber nicht gleich shoppen gehen, sondern nur das ersetzen, was auch wirklich kaputt beziehungsweise schon verbraucht ist. Denn sonst produzieren wir schon wieder neuen Müll, der nicht sein muss.

Von den in 2017 angefallenen 5,2 Millionen Tonnen Kunststoffabfällen wurden gerade mal 810.000 Tonnen wiederverwertet. Das entspricht einer Quote von 15,6 Prozent.

(Plastikatlas)

Im Badezimmer

NIMM LIEBER ... STATT

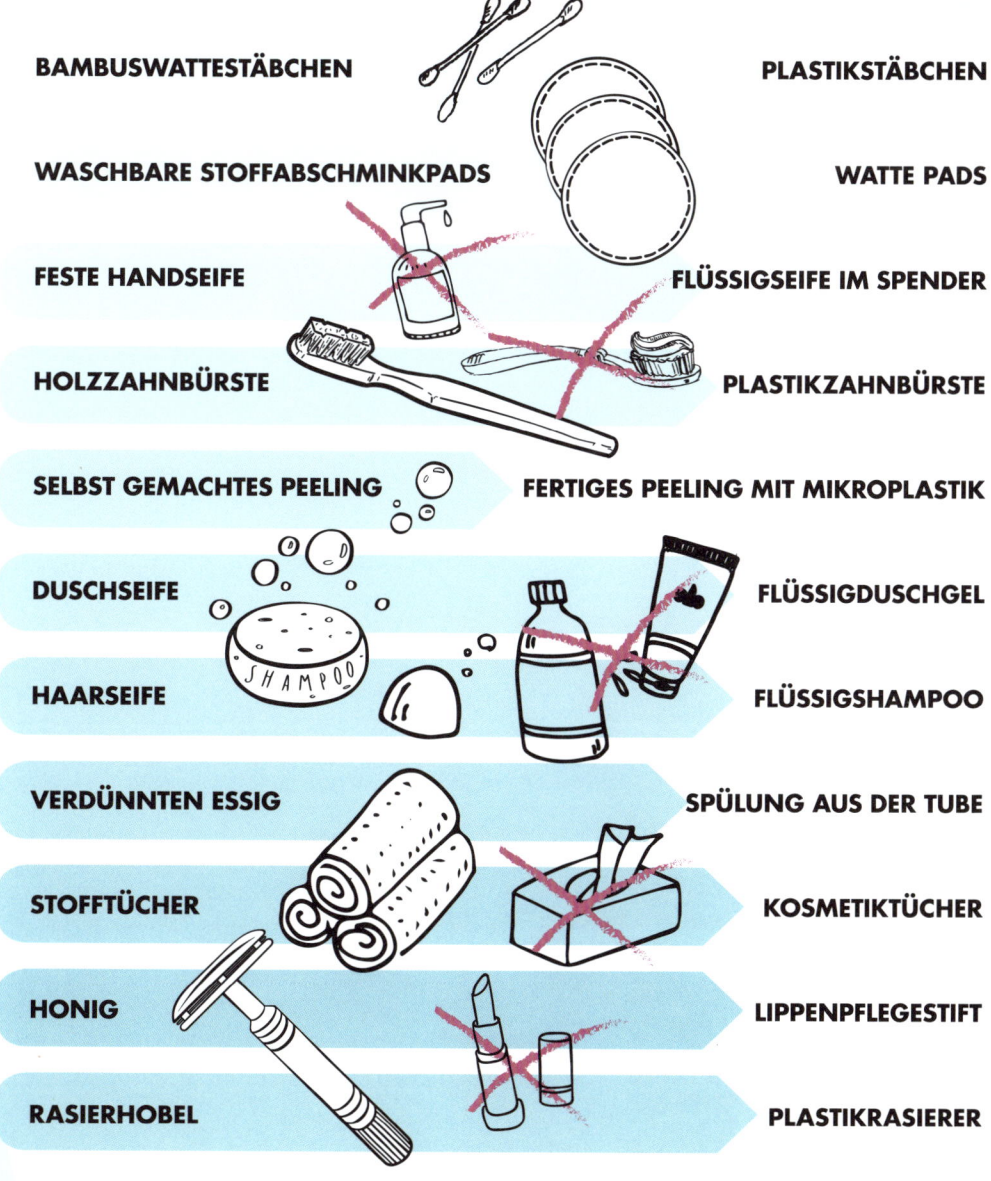

BAMBUSWATTESTÄBCHEN   **PLASTIKSTÄBCHEN**

WASCHBARE STOFFABSCHMINKPADS   **WATTE PADS**

FESTE HANDSEIFE   **FLÜSSIGSEIFE IM SPENDER**

HOLZZAHNBÜRSTE   **PLASTIKZAHNBÜRSTE**

SELBST GEMACHTES PEELING   **FERTIGES PEELING MIT MIKROPLASTIK**

DUSCHSEIFE   **FLÜSSIGDUSCHGEL**

HAARSEIFE   **FLÜSSIGSHAMPOO**

VERDÜNNTEN ESSIG   **SPÜLUNG AUS DER TUBE**

STOFFTÜCHER   **KOSMETIKTÜCHER**

HONIG   **LIPPENPFLEGESTIFT**

RASIERHOBEL   **PLASTIKRASIERER**

Die Probleme mit ...

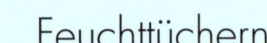

... Wattestäbchen mit Plastikstiel

Horrorrechnung für ca. 83 Millionen Menschen in Deutschland: Stell dir vor, 50 Millionen von uns verwenden jeden zweiten Tag ein Wattestäbchen. Das ergibt 25 Millionen Wattestäbchen pro Tag, die nicht recycelt werden können und wegen ihrer geringen Größe oftmals im Meer landen.

... Feuchttüchern

Sie bestehen aus langen Plastikfasern und zerfallen im Wasser nicht wie normales Toilettenpapier. Entsorgst du Feuchttücher über die Toilette, passiert Folgendes: Sie landen im Kanal und werden mit dem Abwasser zur Kläranlage geschwemmt. Auf dem Weg dorthin werden sie über Pumpwerke gefördert. Dort verknoten sich die Tücher mit anderen Feststoffen zu regelrechten Zöpfen und verstopfen das Laufrad der Pumpen. Das führt zu Rückstau im Kanal. Mit großem Aufwand müssen die Pumpen dann gereinigt werden und gehen im schlimmsten Fall durch die Feuchttücher kaputt. Weit mehr als 200 Millionen Packungen werden allein in Deutschland jedes Jahr gekauft – und eigentlich brauchen wir diese Müllverursacher-Tücher nicht wirklich. Denn man kann sie gut durch Wasser und Toilettenpapier ersetzen.

... Einweg- & Plastikrasierern

Wie der Name schon sagt, werden die Einwegvarianten so produziert, dass die Klingen nicht austauschbar sind. Sie machen zwar nicht viel des Restmüllberges aus, sind aber dennoch Produkte, die absolut unnötig sind. Ebenfalls dazu gehören die unverschämt teuren Plastikrasierer, deren Vierfachklingen ein kleines Vermögen kosten. Setze lieber auf Rasierhobel – hierfür benötigst du nur Rasierklingen, die ausgetauscht werden. Zudem wird für die Herstellung kein Plastik benötigt.

... Plastikzahnbürsten

Bei nahezu 83 Millionen Menschen in Deutschland sprechen wir von ca. 332 Millionen Zahnbürsten pro Jahr, die produziert, genutzt und anschließend entsorgt werden. Das setzt gewaltige Mengen an Rohstoffen voraus, die am Ende im Müll landen.

... konventionellem Toilettenpapier

Laut Greenpeace Deutschland werden bis zu 60 % weniger Energie und bis zu 70 % weniger Wasser für die Herstellung von recyceltem Toilettenpapier benötigt. Wenn im Jahr 20.000 Blätter pro Person verbraucht werden, sind das 15 kg, die bedenkenlos die Toilette heruntergespült werden.

... Nagellackentferner

Beim Thema Nagellackentferner heißt der größte Bösewicht: Aceton. Das deutsche Label OZN, das auch in Deutschland produziert, setzt auf dibasischen Ester (DBE) als ökologische Alternative zu bedenklichen Lösungsmitteln. Dieser besitzt einen angenehm milden Geruch und ist ökologisch verträglich.

... Haargummis

Sie sind nicht nur in Plastik verpackt, sondern bestehen auch noch zur Gänze aus diesem Material. Außerdem gehen sie ständig irgendwo verloren und landen dadurch in der Umwelt. Diese kleinen Verschwinde-Dinger gibt es aber auch aus nachhaltiger Produktion: „Fair-Hair" ist der erste vegane Bio-Haargummi, der aus Bio-Baumwolle und Lycra (Elasthan) sowie nachhaltig und fair hergestellt ist. Die Herstellung des Garns ist GOTS-zertifiziert. Die Verpackung besteht aus Maisstärke und ist biologisch abbaubar. Eine echte Win-win-Situation.

... Reisegrößen

Die Mini-Verpackungen sind wirklich unnötig, da für sie extra Energie und extra Rohstoffe verbraucht werden. Fülle lieber deine Produkte in kleine Behälter um. Mit fester Seife ist es noch einfacher, denn die packst du in deine Seifendose, und schon geht die Reise los.

... Nagellack

Toluol, Phthalate (DBP), Formaldehyd, Formaldehyd-Harz, Campher, Parabene und Xylene – all diese Stoffe gehören nicht in deinen Nagellack, weil sie dir und der Umwelt schaden können. Setze lieber auf „Free-Nagellacke" oder gleich auf vegane Varianten wie von OZN oder 100 % Pure.

Checkliste für dein Badezimmer

GANZ OHNE PLASTIK

KEIN GREEN-SHOPPING

Es geht nicht darum, dass du jetzt alle deine Badartikel wegwirfst und gegen neue ersetzt,
sondern, dass du beim nächsten Kauf eine Alternative zu Plastik & Co. parat hast.

	BISHER BENUTZE ICH	DIE ALTERNATIVE
HAARBÜRSTE		AUS HOLZ
SEIFENSPENDER		AUS GLAS
MÜLLEIMER		EDELSTAHL ODER HOLZ
TOILETTENBÜRSTE		AUS HOLZ
HANDTÜCHER		AUS BIO-BAUMWOLLE ODER HOLZ
LAPPEN		BIO-BAUMWOLLE
RASIERER		RASIERHOBEL
RASIERPINSEL		AUS HOLZ MIT NATURHAARBORSTEN
TOILETTENPAPIER		RECYCLINGPAPIER AUS BAMBUS
ABSCHMINKPADS		WASCHBARE PADS
WATTESTÄBCHEN		AUS PAPIER ODER METALL
PUDERPINSEL		AUS HOLZ
NAGELFEILE		MIT HOLZGRIFF
ZAHNPUTZBECHER		EDELSTAHL, GLAS, HOLZ
ZAHNBÜRSTE		HOLZ ODER BAMBUS
ZAHNSEIDE		AUS MAISSEIDE
DUSCHSCHWAMM		SEIFENSÄCKCHEN
NAGELSCHERE		AUS EDELSTAHL, OHNE PLASTIKUMMANTELUNG
SEIFENSCHALE		AUS HOLZ

Die 2 Schritte beim Toilettenpapier

1.
SO FÄNGST DU AN

RECYCLINGPAPIER
MIT BLAUEM ENGEL

2.
ZIEL ERREICHT

RECYCLINGPAPIER IN
PAPIERVERPACKUNG

Die 3 Schritte beim Shampoo

1.
SO FÄNGST DU AN

ÖKOLOGISCHE
VARIANTE OHNE
SILIKONE UND
PARABENE

2.
DAS IST BESSER

ÖKOLOGISCHE
VARIANTE IN
RECYCELBARER
VERPACKUNG
KAUFEN

3.
ZIEL ERREICHT

HAARSEIFE, FESTES
SHAMPOO ODER
ROGGENMEHL
VERWENDEN

Die 3 Schritte beim Deo

1.
SO FÄNGST DU AN

KOMPRIMIERTE
VERPACKUNG
KAUFEN

2.
DAS IST BESSER

GLASALTERNATIVE
ZUM PUMPEN

3.
ZIEL ERREICHT

DEOCREME

Zu Gast bei:
vnf Handmade

Natürlich abgeschminkt mit Vanessas gehäkelten Baumwollpads

„Nachhaltigkeit und wirkliche Handarbeit sind mir wichtig. Unterstützt werde ich von einer Werkstatt der Lebenshilfe."

DU HÄKELST BEZIEHUNGSWEISE STRICKST ABSCHMINKPADS, HANDTÜCHER UND PEELINGTÜCHER. WIE BIST DU AUF DIESE IDEE GEKOMMEN, LIEBE VANESSA?

Im Sommer 2018 wurde ich von einigen Kunden gefragt, ob ich auch Spültücher im Angebot hätte. Ich war zuerst etwas skeptisch, fand aber die Idee, mich endlich von den Plastikteilen in unserer Küche trennen zu können, so gut, dass ich einige davon strickte und meinen Freundinnen zum Testen gab. Wir waren schnell überzeugt, und die Spültücher wurden zum festen Bestandteil unseres Sortiments. Wasch- und Kosmetikpads sowie die kleinen Handtücher waren dann die logische Fortsetzung. Auf die Idee der Peelingtücher brachte mich eine befreundete Kosmetikerin, die sie ebenfalls zunächst testete und kurz danach für ihre Kunden bestellte.

WIE OFT KANN MAN DIESE STÜCKE WASCHEN?

Mein erstes Spültuch habe ich gerade weggeworfen – es war über ein Jahr im Einsatz und wurde etwa alle zehn Tage gewaschen. Die Baumwolle wird mit dem Waschen immer fester und griffiger, also eigentlich immer besser!

WIE WÄSCHT MAN SIE AM BESTEN?

Zusammen mit der 60-Grad-Wäsche. Bei den kleinen Pads empfehle ich übrigens einen kleinen Wäschebeutel, damit sie nicht „verschwinden".

Die Baumwolle wird mit dem Waschen immer fester und griffiger, also eigentlich immer besser!

Die Alternative: Peeling ohne Mikroplastik geht ganz einfach. Die Tücher sind aus Leinenzwirn und peelen, ohne die Haut zu verkratzen. Ideal auch für die Pflege nach der Enthaarung

WO KOMMEN DEINE GARNE HER?

Leider ist der Markt der Bio-Baumwolle zum Weiterverarbeiten noch sehr klein und teuer. Aus diesem Grund nehme ich herkömmliche Baumwolle; meine kommt von einem skandinavischen Hersteller, wird in der EU hergestellt und entspricht dem Standard 100 by Oeko-Tex®.

Der Leinenzwirn, den ich für die Peelingtücher benutze, kommt von einem deutschen Familienunternehmen und wird extra für mich gezwirnt.

GIBT ES EINEN VORTEIL GEGENÜBER KONVENTIONELLEN PRODUKTEN?

Unserer Umwelt geht es nicht gut. Und ich finde, dass jeder Einzelne seinen Weg finden muss, dagegen anzusteuern. Ganz egal, wie klein der eigene Schritt auch sein mag – in der Summe lohnt es sich, und unser Bewusstsein ändert sich positiv. Bei unseren Tüchern und Pads gelangt kein Mikroplastik in unser Abwasser, und der kleine Stapel an Wattepads, der am Abend im Bad lag und im Müll landeten, ist Vergangenheit. Verkauft werden unsere Produkte ohne Verpackungsmüll, und günstiger sind sie auch, weil sie länger halten! Und außerdem sind unsere Tücher und Pads einfach viel schöner!

HAST DU EINE ANLEITUNG FÜR UNS?

So ein kleines Handtuch ist kein Kunstwerk. Schnapp dir einfach eine Rolle Baumwolle aus dem Fachhandel und eine entsprechende Stricknadel und fange an: Je nach gewünschter Größe nimmst du ca. 35 Maschen auf und strickst dann Reihe für Reihe nur rechts. Wenn das Knäuel fast alle ist, wird locker abgekettet und die Fäden vernäht. Du findest bestimmt irgendwo ein kleines Stück Lederband oder du flechtest aus Resten ein kurzes Band zum Aufhängen. Und schon ist dein kleines Handtuch einsatzbereit!

www.vnf-handmade.de

„Bei unseren Tüchern und Pads gelangt kein Mikroplastik in unser Abwasser, und auch der kleine Stapel Wattepads, der am Abend im Müll landete, ist Vergangenheit."

Abschminkpads

DU BENÖTIGST:

Häkelnadel 4,5 mm, Wollnähnadel, Schere, Bambusgarn
(100 g/175 m aus 100 % Bambus-Zellstoff/Viskose)

1. RUNDE

Forme dir einen magischen Ring und häkle 2 Luftmaschen.

Start-Büschelmasche: (Umschlag, Faden durch den magischen Ring holen) x 2, Faden holen und durch alle Schlaufen auf der Nadel ziehen. 1 Luftmasche.

Büschelmasche: (Umschlag, Faden durch den magischen Ring holen) x 3, Faden holen und durch alle Schlaufen auf der Nadel ziehen. 1 Luftmasche x 7. Kettmasche in den ersten 1-Luftmaschen-Zwischenraum zwischen den ersten beiden Büschelmaschen häkeln.

2. RUNDE

2 Luftmaschen, (Umschlag, Faden durch denselben Luftmaschen-Zwischenraum holen) x 2, Faden holen und durch alle Schlaufen auf der Nadel ziehen. 1 Luftmasche. (Umschlag, Faden durch dieselbe Stelle holen) x 3, Faden holen und durch alle Schlaufen auf der Nadel ziehen. 1 Luftmasche. (Umschlag, Faden durch den nächsten 1-Luftmaschen-Zwischenraum holen) x 3, Faden holen und durch alle Schlaufen auf der Nadel ziehen. 1 Luftmasche. (Umschlag, Faden durch dieselbe Stelle holen) x 3, Faden holen und durch alle Schlaufen auf der Nadel ziehen. 1 Luftmasche x 7. Kettmasche oben in die erste Büschelmasche häkeln.

3. RUNDE

1 Luftmasche. 1 feste Masche in dieselbe Masche. 1 feste Masche in jede Luftmasche und jede Büschelmasche rundherum.

RUNDENABSCHLUSS:

Den Faden am Ende der Runde abschneiden und durch die letzte Masche ziehen. Faden auf eine Vernähnadel fädeln und quer durch die zweite feste Masche der Runde stechen. Den Faden dann noch einmal von oben in die letzte gehäkelte Masche stechen und Anfangs- und Endfaden vernähen – fertig!

Zero Waste Deutschland

*Inga zeigt uns beinahe jeden Tag auf Instagram,
wo wir überall Müll einsparen können.*

**LIEBE INGA, KANN MAN JEDES PRODUKT
DURCH EINEN ZERO-WASTE-ARTIKEL
ERSETZEN?**

Wenn wir einmal medizinisch notwendige Produkte außen vor lassen, wie Medikamente und Co., dann ist das grundsätzlich möglich.

Für nahezu jedes Produkt gibt es auch ein verpackungsfreies und nachhaltig produziertes Äquivalent und in sehr vielen Fällen auch DIY-Rezepte, die Geld, Müll und schädliche Inhaltsstoffe sparen.

Allerdings sollte man dennoch aufmerksam sein, denn nur, weil etwas nachhaltig ist, bedeutet das nicht, dass es für jeden Menschen gleich gut funktioniert. Es gibt zum Beispiel Menschen mit einer Natronunverträglichkeit oder solche, die auf bestimmte ätherische Öle allergisch reagieren. Hier muss also jeder für sich selbst hinterfragen und Verantwortung übernehmen. Oft gibt es aber für ein Produkt verschiedene Varianten und Rezepte, sodass sich am Ende doch alle mit einer nachhaltigen Variante ausstatten können. Man muss manchmal nur noch etwas weitersuchen oder bei Menschen um Hilfe fragen, die schon mehr Erfahrung damit haben.

Wenn man sich mit dem Thema Zero Waste und Nachhaltigkeit beschäftigt, fällt einem zudem früher oder später auf, dass es auch so manche Produkte gibt, die wir in den allermeisten Fällen gar nicht brauchen. Beispiele dafür sind Masken aus Plastiktütchen, Wattestäbchen, drei verschiedene Haarsprays etc.

Auch darauf zu achten, spart wieder einiges – Zeit, Geld, Müll und natürlich auch Platz.

**WIE GUT FUNKTIONIERT SELBST GEMACHTE
ZAHNPASTA, UND WAS SAGT DEIN
ZAHNARZT DAZU?**

Die Zahnhygiene ist ein Thema, bei dem wir Menschen sehr sensibel sind und das definitiv nicht zu kurz kommen darf. Aber auch hier gibt es zum Glück mittlerweile viele Lösungen für jedes Bedürfnis.

Selbst gemachte Zahnpasta ist eine Variante, die sowohl sehr einfach als auch funktional ist. Als ich anfing, sie zu verwenden, war mein nächster Zahnarztbesuch noch eine Weile hin, und als dieser dann anstand, war meine Zahnärztin positiv überrascht von meiner Zahngesundheit im Vergleich

zu der, die sie von anderen Patienten kennt. Das soll nicht bedeuten, dass DIY-Zahncreme grundsätzlich besser ist, es wird aber deutlich, dass sie zumindest ebenso gut funktioniert wie konventionelle Creme.

Manche können sich aber nicht mit dem etwas höheren Putzaufwand von Zahnpasta auf Kokosölbasis sowie ihrer anderen Konsistenz anfreunden oder sie bevorzugen Fluorid in ihrer Zahnpasta.

Auch dafür gibt es diverse Möglichkeiten: Wem Fluorid wichtig ist, kann zum Beispiel auf Zahnputztabletten der Firma DENTTABS zurückgreifen, die es sowohl mit als auch ohne Fluor gibt und die man lediglich zerkauen muss, um anschließend die Zähne zu putzen. Wer hingegen lieber das typische „Zahnpasta-Gefühl" möchte, kann sich an der fluoridfreien Paste im Glas von Ben&Anna versuchen, die sehr nahe an das heranreicht,

was man von konventionellen Zahnpasten gewohnt ist. Auch Zahnputzpulver ist eine tolle Alternative und schützt die Zähne dank Birkenzucker zuverlässig vor Karies. Sogar Zahnseide gibt es mittlerweile vegan und plastikfrei sowie Interdentalbürsten, die deutlich müllreduziert sind.

Was aber dabei nicht vergessen werden sollte: Der Zustand unserer Zähne ist nicht nur von der richtigen Mundhygiene abhängig, sondern auch von unserer Ernährung und teilweise auch von der genetischen Veranlagung. Wir tun Zähnen – und unserer sonstigen Gesundheit ebenso wie der Umwelt – einen Gefallen, wenn wir bewusst Zucker und Co. reduzieren und uns vollwertig ernähren. Aber das sagt uns ja auch jeder gute Zahnmediziner.

GIBT ES ETWAS, DAS NICHT GLEICH FUNKTIONIERT HAT UND WO DU DICH DURCHPROBIEREN MUSSTEST?

Ja, bei mir war es die Haarwäsche. Ich habe relativ lange Haare und musste mich durch nahezu alle möglichen Varianten erst durchtesten. Manches hat gut funktioniert, anderes so semi und wieder anderes überhaupt nicht.

Für mich hat sich schließlich das feste Shampoo von Rosenrot Manufaktur als am besten geeignet herausgestellt – übrigens gibt es auch bei festen Shampoos sehr große Unterschiede, und auch Lavaerde hat gut gepasst. Haarseife, was etwas anderes ist als festes Shampoo, geht mal zwischendurch, aber nicht dauerhaft. Und das Haarewaschen mit Heilerde oder Roggenmehl klappt für mich überhaupt nicht.

Aber aufgepasst, es gibt viele Menschen, die gerade auf diese Mittel schwören und dafür mit denen, die für mich funktionieren, nicht zurechtkommen. Das liegt an den Unterschieden in Haarstruktur und Haarlänge, in Hautbeschaffenheit, Ernährung, Lebensumständen, Stress etc. Das sind alles Faktoren, die Einfluss auf uns und unsere Haut und Haare haben. Deshalb macht es auch für jeden von uns Sinn, sich individuell auszutesten.

Und auch, wenn eine Methode für einen selbst nicht funktioniert, kann das gekaufte Produkt noch anderweitig verwendet werden. Haarseife zum Beispiel für den Körper, Roggenmehl zum Kochen und Backen, Heil- und Lavaerde für die Gesichtspflege oder als Peeling. Man verschwendet also keine Ressourcen, auch wenn man erst diverse Mittel austesten muss.

BENÖTIGT ZERO WASTE IM BADEZIMMER MEHR ZEIT?

Das kommt ganz darauf an, was man selbst alles braucht und wie man es sich beschafft. Sicher, DIYs brauchen ihre Zeit, manche mehr, manche weniger. Viele der Produkte sind aber tatsächlich innerhalb weniger Minuten hergestellt. Und Dinge wie beispielsweise Waschmittel kann man auch in größeren Mengen vorbereiten, der Aufwand bleibt derselbe, aber es muss nur alle paar Monate wieder neu produziert werden.

Außerdem benötigen wir natürlich auch Zeit, um die konventionellen Produkte einzukaufen. Nicht immer bekommt man alles an einem Ort,

MIT NUR EINER ZUTAT

Das vielleicht einfachste Rezept ist, Natron zu verwenden. Dieses Pulver tupft man einfach mit einem Pinsel oder (noch einfacher) den Fingerspitzen in die Achselhöhlen. So reduziert man den Schweißgeruch, da Natron ein basisches Milieu schafft.

und durchs Selbermachen spart man sich ja auch wieder einige Wege.

Und wenn man einfach nur von konventionell auf unverpackt umsteigt, z. B. indem man Waschmittel, Reiniger, Shampoo und Co. im nächsten Unverpackt-Laden einkauft, gewinnt man zwar keine Zeit, wendet aber auch nicht unbedingt mehr davon auf. Der Einkauf einer Bambuszahnbürste z. B. dauert genauso lange wie der einer herkömmlichen Zahnbürste, denn mittlerweile findet man sie in fast jeder Drogerie. Genauso verhält es sich mit festem Shampoo, man kauft es und wendet es an, der Zeitaufwand bleibt der gleiche wie beim konventionellen Produkt. Unterm Strich gibt es natürlich ein paar Dinge, die etwas zeitintensiver sind, doch warum sollte ich das nicht als Invest in mich selbst betrachten? Ich nehme mir damit ganz bewusst die Zeit, meinem Körper und der Umwelt etwas Gutes zu tun. Und außerdem macht mir die Herstellung meiner eigenen Produkte Freude und befriedigt mich ungemein.

Ich denke daher, im Endeffekt findet eher eine Art Verschiebung statt. Aus meiner Erfahrung kann ich jedenfalls sagen, dass ich heute mehr qualitativ hochwertige Zeit habe als früher, denn die Veränderungen meines Lebens durch Nachhaltigkeit und Zero Waste haben bei mir zu mehr Leichtigkeit geführt und mir in vielen Bereichen zudem ein Gefühl von Freiheit geschaffen.

KANN MAN AUCH KOSMETIKARTIKEL SELBST HERSTELLEN?

Ja, auch das geht. Für nahezu jedes Produkt gibt es auch ein Rezept zum Selbermachen! Diese sind in den meisten Fällen zudem bedeutend günstiger als das, was wir in Drogerien und Co. finden können.

www.zero-waste-deutschland.de

Splish Splash für Haut & Haar

Wasser, Seife – und was noch? Stell dir deine Reinigungs- und Pflegeprodukte aus natürlichen Zutaten einfach selber her. Nachhaltiger geht es kaum.

Die Erkenntnis, dass viel zu viele Tuben, Fläschchen und Plastikbehälter im Bad rumstehen, schockiert erst mal – so ging es zumindest uns. Ein Blick auf die Liste der Inhaltsstoffe lässt einen dann noch mehr schaudern: Zum Teil sind schwer abbaubare Kunststoffe in Kosmetikprodukten darunter, die z B. als Schleifmittel, Bindemittel, Füllmittel und Filmbildner dienen, wobei alle unlöslichen, makromolekularen Kunststoffpartikel, die kleiner als fünf Millimeter sind, zum Mikroplastik zählen. Außerdem gibt es verschiedene Konservierungsstoffe wie Parabene, die unter Umständen das Hormonsystem beeinflussen, synthetische Tenside auf Erdöl- oder Palmölbasis sowie weitere Zusatzstoffe wie Aluminiumsalze.

EINEN TOLLEN ÜBERBLICK ÜBER KOSMETIKA UND DEREN INHALTSSTOFFE FINDEST DU UNTER FOLGENDEM LINK:

Für unterwegs

Wenn du neue Produkte gleich checken möchtest, kannst du diese zwei Apps downloaden. Sie verraten, welche guten und weniger guten Inhaltsstoffe enthalten sind:

App Toxfox & App Codecheck

BEAUTY SELFMADE

Mit ein paar einfachen Rezepten kannst du deine Reinigungs- und Pflegeprodukte für Haut und Haare selbst herstellen – und zwar fast ausschließlich mit Zutaten, die du schon im Haushalt hast. Apfelessig, Mehl, Honig sowie verschiedene Öle zählen zu den wichtigsten Substanzen. Das ein oder andere musst du eventuell zukaufen, aber die Investition lohnt sich. Toll sind außerdem Kräuter, die du vielleicht selber auf dem Balkon oder im Garten anbauen kannst.

ACHTSAM SEIN

Wie eine Hülle schützt die Haut unsere inneren Organe, reguliert den Wärme-

Do it!

MACH DEINE KOSMETIK EINFACH SELBST – AUS ZUTATEN AUS DEINEM HAUSHALT

HALTBARKEIT

Kosmetik aus natürlichen Produkten ist weniger lange haltbar als konventionelle Ware. Bereite deshalb besser kleinere Mengen zu.

DAS BRAUCHST DU:	DAS WIRD DARAUS:
HONIG, BIENENWACHS	Haarbalsam, Lippenbalsam
OLIVENÖL, KOKOSÖL, RAPSÖL ETC.	Seife, Reinigungsmilch, Haarpflege
BIER	Haarkur, Festiger
EIER	Haarkur, Gesichtspackungen, Reinigung
APFELESSIG	Haarkur, Gesichtswasser, Reinigung
MEERSALZ	Peeling, Badezusatz
KERNSEIFE	verschiedene Seifen
KRÄUTER	Zusatzstoffe für alle kosmetischen Produkte, Aroma, Reinigung
MEHL	Masken, Shampoo
HAFERFLOCKEN	Reinigung
KAFFEESATZ	Peeling
NATRON	Deo
MILCH, QUARK, BUTTERMILCH	Maske, Packung, Reinigung

Schaumschläger

Tenside sind sogenannte waschaktive Substanzen, die Schmutz und Fett leichter von Haut und Haaren lösen, weil sie die Oberflächenspannung des Wassers herabsetzen. Und sie sind für den Schaum verantwortlich, der beim Waschen entsteht. Es gibt unterschiedliche Gruppen, ganz grob kann man sie in synthetische und natürliche Tenside einteilen. Besonders bedenklich für die Umwelt sind solche auf Erdöl- oder Palmölbasis, die auch der Haut nicht guttun: Durch ihre besonders hohe Waschkraft trocknen sie die Haut schnell aus. Wenn bei den Inhaltsstoffen Sulfate aufgeführt sind, ist das ein Hinweis auf bedenkliche Tenside in diesem Produkt. Pflanzenölseifen kommen dagegen ganz ohne synthetische Tenside aus. Pflanzliche Tenside werden beispielsweise aus Zucker, Pflanzenölen oder Kokosfett hergestellt.

haushalt, federt Druck und Stöße ab. Ein intakter Säureschutzmantel verhindert in den meisten Fällen das Eindringen von Krankheitskeimen, über die Schweißabsonderung regulieren wir unsere Körpertemperatur und scheiden Giftstoffe aus – und das sind nur einige Funktionen, die die Haut zu erfüllen hat. Sie ist unser größtes Organ und zahlreichen Einflüssen ausgesetzt. Auch Sorgen, Übermüdung, Stress an der Arbeit sieht man der Haut an. Da ist es fast schon eine Achtsamkeitsübung, Seife, Shampoo oder eine Gesichtsmaske selber herzustellen und sich ein wenig Zeit für sich selbst zu nehmen. Das baut Stress ab und macht die Haut schöner. Die Freude, mit Naturprodukten zu arbeiten, dadurch die Umwelt zu schonen und sich selbst ein wenig zu verwöhnen, ist unbeschreiblich.

KRÄUTER & CO. FÜR DIE HAUT

Bist du auch ein Kräuterfan? Bei uns wachsen auf dem Balkon und im Garten Lavendel, Ringelblumen, Salbei, Kamille, Thymian, Frauenmantel, Rosen und mehr, hier und da dürfen sich außerdem Brennnesseln einen Platz erobern. Blüten und Blätter kommen in den Kräuterquark, werden als Tee verarbeitet oder sorgen im Kuchen für Aroma. Und sie sind Bestandteile unserer kosmetischen Produkte. Sie können also ganz vielseitig verwendet, aber auch gezielt eingesetzt werden bei fettigen Haaren, unreiner oder rauer Haut und trockenen Lippen. Salbei ist beispielsweise schweiß- und keimhemmend und passt gut in jedes Deo, ein Tee aus Rosenblütenblättern beruhigt gestresste Haut, Ringelblumensalbe ist gut bei rauen und rissigen Händen.

UND DAS KÖNNEN WIR VERSPRECHEN:
Wenn du erst mal aus deinem selbst gemachten Joghurt und den eigenen Kräutern eine Reinigungsmilch zubereitet hast, die erste selbst gemachte Ringelblumensalbe deine Hände zart und weich macht, wirst du immer mehr eigene kosmetische Produkte herstellen - das hat nämlich Suchtpotenzial!

GEMÜSE UND OBST FÜR DIE SCHÖNHEIT

Salat, Radieschen, Gurken, Erdbeeren: Gemüse und Obst ist gesund, vor allem aus biologischem Anbau. Wenn es dann noch regional und saisonal eingekauft wird oder vielleicht aus eigener Produktion stammt, ist das wirklich nachhaltig. Und was wir essen, weil es wichtige Mineralien, Vitamine, Ballaststoffe, Antioxidantien und mehr enthält, das ist auch gut für Haut und Haare. Außerdem kann restliches Gemüse gut verarbeitet werden, denn meist brauchst du nur wenig, um schnell eine Maske oder Lotion herzustellen. Eine tolle Methode also, um Reste zu verwerten.

DU HAST EIN PAAR HIMBEEREN ÜBRIG?
Vermischt mit ein bisschen Sahne, wird daraus eine beruhigende After-Sun-Lotion.

WOHIN MIT DEN KAROTTENSCHALEN?
Klein schneiden und in etwas Pflanzenöl einreiben. Ein paar Tage ziehen lassen und als Körperöl nach dem Duschen verwenden.

EINE KARTOFFEL IST LIEGEN GEBLIEBEN?
Reiben, den Saft auspressen, mit einem Esslöffel Essig und zwei Esslöffeln Olivenöl verrühren und trockene Stellen an Knien, Ellbogen oder Fersen damit einreiben. Aus den geriebenen Kartoffelresten kannst du dir noch ein knuspriges Rösti backen.

Kräuter-Allerlei

WOFÜR DU BLÜTEN UND BLÄTTER VERWENDEN KANNST

FRISCH ODER GETROCKNET

Du kannst frische oder getrocknete Kräuter verwenden, sie unterscheiden sich in der Herstellung nur bezüglich der Menge: Von frischen Kräutern brauchst du ca. eine Handvoll, von getrockneten Kräutern etwa einen Esslöffel.

KRAUT	WIRKKRAFT	GUT FÜR
KAMILLE	*Gut gegen Entzündungen, reduziert Keime*	*Tee für Gesichtskompresse*
LAVENDEL	*Beruhigend, antiseptisch*	*Bad, Seife, Gesichtswasser*
MELISSE	*Antiviral, entzündungshemmend*	*Lippenpflege*
PFEFFERMINZE	*Erfrischend, kühlend*	*Fußcreme, Gesichtswasser, Reinigungsmilch bei unreiner Haut*
RINGELBLUME	*Entzündungshemmend, gut gegen trockene, rissige Haut*	*Handcreme*
ROSE	*Beruhigt die Haut, antiseptisch, erfrischend*	*Gesichtswasser, Körperlotion*
ROSMARIN	*Adstringierend, fördert die Durchblutung*	*Bad, Fußcreme, Reinigungsmilch und Creme bei unreiner Haut*
SALBEI	*Gut bei fettiger, großporiger Haut, reduziert Keime, Schweißbildung*	*Deo, Haarspülung*

SEIFENOPER

Ein Produkt darf wirklich in keinem Bad fehlen: die Seife. Sie kann Shampoo, Reinigungsmilch, Duschgel und flüssige Seife ersetzen. Das ist grandios: ein Produkt für vier. Es ist also ein guter Anfang, auf Seife umzusteigen, aber da steckt noch mehr Potenzial drin: Herkömmliche Seife ist meist zweimal verpackt, in Papier oder Plastik gehüllt und in eine Schachtel gesteckt. Auch, was die Inhaltsstoffe angeht, ist Seife nicht gleich Seife. Im Allgemeinen bestehen Seifen aus pflanzlichen und tierischen Fetten, die in einer Lauge gekocht werden. In vielen herkömmlichen Produkten sind aber zudem synthetische Duftstoffe, Konservierungsmittel und andere Zusatzstoffe enthalten, und sie werden auf Erdöl- oder Palmölbasis hergestellt. Alles in allem ist das weder für die Umwelt noch für Haut und Haare gut.

Bei reinen Naturseifen ist das anders, weil nur Inhaltsstoffe auf natürlicher Basis verwendet werden, unter anderem ätherische Öle und pflanzliche Fette.

Du kannst dir deine eigene Seife sogar selbst herstellen. Wir haben unsere Lieblingsrezepte für dich zusammengestellt. Wenn du Hautprobleme hast, unter unreiner, fettiger oder sehr trockener Haut leidest, dann solltest du dein Seifenrezept vorab aber mit dem Hautarzt besprechen.

AN DIE TÖPFE, FERTIG, LOS!

Wenn du Seife selber machen willst, benötigst du als Grundsubstanzen entweder Kernseife und Pflanzenöle oder pflanzliche Fette beziehungsweise Öle sowie eine Lauge. Natriumhydroxid (NaOH) ist hier am besten geeignet, du bekommst es in der Apotheke. Da die Substanz ätzt, bei der Arbeit bitte unbedingt Handschuhe anziehen, eine Schutzbrille aufsetzen und etwas Langärmeliges tragen. Außerdem wichtig: Töpfe und Kochlöffel dürfen nur für die Seifenherstellung benutzt werden und nicht mehr zum Kochen. Und wenn mal ein Spritzer daneben geht, lässt sich dieser einfach mit Essig neutralisieren.

Pflanzenöle und Bienenwachs bekommst du in Drogerien und Bioläden.

LAVENDELSEIFE

*Zutaten: 100 g feste Kernseifeflocken
(achte auf Seife aus kontrolliert biologischen
Rohstoffen ohne Palmöl), 60 g Bienenwachs,
20 ml Mandelöl, 10 Tropfen Lavendelöl,
1 EL Bienenhonig*

Die Kernseifeflocken mit dem
Bienenwachs im Wasserbad
schmelzen. Die flüssige Seife aus
dem Wasserbad nehmen, das
Lavendelöl zugeben und zum Schluss
den Bienenhonig untermischen.
Gieße die Mischung in gefettete
Backförmchen. Die Seife ist fertig,
sobald die Masse erkaltet ist.
Wer mag, gibt noch ein paar
Lavendelblüten hinzu.

TOMATEN-TONERDE-SEIFE

*Zutaten: 200 g Kokosöl, 400 g Rapsöl, 150 g
Olivenöl, 25 g Rizinusöl, einige Tropfen
ätherisches Thymianöl, 300 g destilliertes
Wasser, 125 g NaOH, 130 g Tomatenmark,
½ TL rote Tonerde*

Das Kokosöl schmelzen, etwas
abkühlen lassen und die anderen
Öle einrühren. Dann das Natriumhydroxid im destillierten Wasser
auflösen (Vorsicht: das Ganze wird
erst mal recht heiß). Wenn beide
Flüssigkeiten etwa 40 Grad warm
sind, werden sie miteinander vermischt. Und dann heißt es: rühren,
rühren, rühren, denn dadurch wird
die Masse immer dickflüssiger.
Nun Tomatenmark und Tonerde
untermischen, alles in eine oder
mehrere gefettete Formen geben
und erkalten lassen.

Hair, Hair, Hair

Was tun wir nicht alles für unsere Haare: Shampoo, Spülung, Kuren und Packungen, Rasierschaum und Enthaarungscremes – da fallen schon einige Plastikflaschen, -tuben und auch Mikroplastik an. Dabei kannst du vieles selber herstellen und tust damit deinem Haar und der Umwelt etwas Gutes.

No Poo

Bei der „No-Poo-Bewegung" haben viele Menschen sich vorgenommen, kein Shampoo mehr zu verwenden, sondern zum Haarewaschen Roggenmehl, Heilerde, Natron oder einfach nur Wasser zu verwenden. Probier es doch mal aus!

Zucker-Haarfestiger

Zuckerwasser ist ein hervorragender Haarfestiger. Dafür *1 gehäuften Teelöffel Zucker in 250 ml Wasser* auflösen, in eine Glassprühflasche füllen und lossprühen – die Frisur sitzt.

Haarwachs

50 g Bio-Kakaobutter und 5 g Bienenwachs im Wasserbad erhitzen, bis beides geschmolzen und miteinander verbunden ist. Die Flüssigkeit in einen Tiegel füllen und erkalten lassen.

Olivenöl-Haarkur

Wenn deine Haare eine Intensivpflege benötigen, dann gönne ihnen eine Olivenöl-Kur. Das Öl beugt Spliss vor und verhindert, dass die Haare austrocknen, weil es eine Art Schutzfilm bildet. Massiere dazu *wenig Öl* in die frisch gewaschenen und handtuchtrockenen Haare und lasse es einige Stunden einwirken. Anschließend gut auswaschen.

Haarspray

Das ist crazy: Einfach *etwas Bier* in eine Glasflasche mit feinem Zerstäuber geben und auf die Haare sprühen. Der Biergeruch verschwindet sofort und die Frisur sitzt – wirklich!

ROGGENMEHL-HAARWASCHMITTEL
Zutaten: 300 ml Wasser, 5 EL Roggenmehl
(am besten Vollkorn)

BIER-SPÜLUNG
Zutaten: 300 ml Bier, 1 Eigelb
(ganz frisch und bio)

Wasser und Mehl gut mischen, den Brei auf den nassen Haaren gut verteilen, einmassieren und sorgfältig ausspülen. Damit der Abfluss nicht verstopft, solltest du das Waschwasser in einer Schüssel auffangen und anschließend in die Toilette schütten.

Bier und Eigelb verquirlen, nach dem Haarewaschen ins nasse Haar einmassieren und etwa 5 Minuten einwirken lassen. Anschließend gründlich mit warmem Wasser ausspülen. Die Haare werden wunderbar glatt und lassen sich gut kämmen.

NATRON-APFELESSIG-HAARWASCHMITTEL

Zutaten: 1 EL Natron (z. B. Kaiser-Natron),
ca. 250 ml handwarmes Wasser,
1 EL Apfelessig

Das Natron mit zwei Esslöffeln Wasser zu einer Paste verrühren, die dann vom Haaransatz her in die nassen Haare einmassiert wird. Die Spitzen solltest du dabei aussparen, weil sie durch das Natron etwas austrocknen können. Nun mischst du den Apfelessig und das restliche Wasser und spülst die Haare sorgfältig damit aus. Fertig!

RASIERSCHAUM

Zutaten: 50 g Sheabutter, 50 g Kokosöl,
30 g Jojobaöl

Die Sheabutter zerbröckeln und zusammen mit dem Kokosöl im Wasserbad schmelzen. Anschließend nach und nach das Jojobaöl einrühren und nach Lust und Laune noch ein paar Tropfen ätherisches Öl zugeben. Den Rasierschaum abkühlen lassen, bis er cremig ist, dann anwenden. Reste im Kühlschrank aufbewahren.

Beauty Face

Aus Milch, Buttermilch, Honig, Pflanzenöl, Kaffee, Mehl, Salz und verschiedenen anderen Produkten, die du in deiner Küche vorrätig hast, lassen sich tolle Reinigungs- und Pflegeprodukte für die Haut herstellen. Achte aber auf deinen Hauttyp und probiere selbst gemachte Reinigungsmilch, Masken, Peeling & Co. zuerst an einer kleinen Hautstelle aus. Aber keine Sorge, die natürlichen Mittel sind gut verträglich und meist sanft und schonend zur Haut.

GURKEN-MASKE

Zutaten: ¼ Salatgurke, 100 g Joghurt, 3 EL Braunhirsemehl

Die Gurke waschen, klein schneiden und mit dem Joghurt pürieren. Das Mehl untermischen und alles zu einer Paste verrühren. Auf das Gesicht auftragen, 15 Minuten einwirken lassen, dann mit lauwarmem Wasser abwaschen.

Raue Lippen

Deine Lippen sind rau und rissig? Einfach etwas Honig draufstreichen und einwirken lassen. Die Lippen werden davon schön glatt.

GESICHTSMASKE

Zutaten: 3 EL geriebener Apfel, ca. 1 EL Honig, 1 EL zarte Haferflocken

Alle Zutaten gut vermischen, sodass eine cremige Konsistenz entsteht. Eventuell noch etwas Honig zugeben. Lasse die Maske 10–15 Minuten auf deinem Gesicht und entspanne dich derweil: Höre schöne Musik, lege dich auf die Couch und schließe die Augen. Das Ganze mit lauwarmem Wasser wieder abwaschen – du bist super erholt und deine Haut strahlt.

REINIGUNGSMILCH

Zutaten: 1 Eigelb (bio und ganz frisch), 10 ml Apfelessig, 1 TL Honig, 50 ml Jojobaöl

Eigelb, Essig und Honig sorgfältig vermischen und anschließend das Jojobaöl einfließen lassen wie bei einer Mayonnaise. Die Milch reicht für drei Anwendungen. Das hört sich erst einmal wenig an, sie sollte aber wegen des Eis immer wieder frisch zubereitet werden – geht ja schnell. In einem Glas mit Schraubverschluss wird die Reinigungsmilch im Kühlschrank aufbewahrt.

LESS-WASTE-PEELING

*Bei diesem Rezept kannst du
das übrig gebliebene Eiweiß von der
Bier-Haarkur verwenden.
Zutaten: 2 EL Mehl, z. B. Roggen- oder
Kichererbsenmehl, 2 EL Honig, 1 Eiweiß*

LIPPENPFLEGE

*Zutaten: 80 ml Sonnenblumenöl,
30 g Bienenwachs, einige Tropfen ätherisches
Öl, z. B. Zitronenmelisse*

Öl und Bienenwachs im Wasserbad
schmelzen. Auf etwa 40 Grad
abkühlen lassen, dann das ätherische
Öl zugeben. Alles in kleine Gläser
oder alte Kosmetiktiegel füllen,
ausdampfen lassen, bis die Masse
fest ist, dann gut verschließen.

Mehl und Honig so gut wie möglich
vermischen. Am besten nimmst du
flüssigen Honig, das geht einfacher.
Dann das Eiweiß steif schlagen und
unterheben. Nun verteilst du die
Masse auf dem Gesicht und massierst
sie leicht ein. Mit warmem Wasser
abwaschen.

Kräuter-Essig-Gesichtswasser

Essig ist ein Allrounder – auch was Kosmetik angeht. Obstessig, z. B. Apfelessig, mit einem
Säuregehalt von 5 % regeneriert den natürlichen Säureschutzmantel der Haut und
desinfiziert gleichzeitig. Deshalb ist er auch ein tolles Gesichtswasser. Mit Kräutern versetzt,
ist Essig noch wirksamer. Fülle 20 g getrocknete oder 50 g frische zerkleinerte Kräuter, z. B.
Zitronenmelisse, Rose oder Ringelblume, in ein Glas mit Schraubverschluss und übergieße
die Blätter und Blüten mit 250 ml Obstessig. Das Ganze kommt zwei Wochen lang an ein
halbschattiges Fenster und wird täglich leicht geschüttelt. Danach einfach durch ein Sieb
abgießen und in kleine Flaschen abfüllen. Kühl und trocken aufbewahrt, hält das
Gesichtswasser etwa ein halbes Jahr. Beschriften nicht vergessen!

Für deinen Body

Unsere erste Wahl für die Körperreinigung ist eindeutig die Naturseife auf Pflanzenölbasis. Damit kriegt man jeden Dreck weg und pflegt seine Haut zudem mit den enthaltenen Ölen. Aber manchmal muss es auch ein Körperpeeling, ein entspannendes Bad, eine pflegende Körperlotion oder ein gutes Körperöl sein. Dann mix dir auch hier deine nachhaltigen Ökoprodukte selbst zusammen.

MEERSALZ-PEELING

*Zutaten: 100 g feines Meersalz, 1 EL fein
zerriebene Pfefferminzblätter,
2 EL Ringelblumenblütenblätter,
25 g Bio-Trockenmilchpulver, 6 Tropfen
ätherisches Melissenöl, 6 Tropfen ätherisches
Orangenöl*

Alle Zutaten mischen und in ein verschließbares Glas füllen. 2–3 Esslöffel des Peelings mit etwas Wasser zu einer Paste vermischen und die Haut sanft damit massieren.

MILCHBAD

*Zutaten: 1 l lauwarme Milch, 3 EL Sahne,
3 El flüssiger Honig*

Alle Zutaten sorgfältig verrühren und ins Badewasser gießen.

KÖRPERBUTTER

*Zutaten: 50 g Malven-Auszugsöl (oder
Rosen- oder Ringelblumen-Auszugsöl),
30 g Bienenwachs, 1 EL Speisestärke,
50 g Sheabutter, 20 g Kakaobutter,
15 Tropfen ätherisches Rosenöl*

30 g des Auszugsöls und das Bienenwachs im Wasserbad unter Rühren auf 70 Grad erhitzen. Die Speisestärke mit dem restlichen Auszugsöl anrühren und dazugeben. Das Öl sofort von der Kochstelle nehmen, Shea- und Kakaobutter hinzufügen und rühren, bis alles geschmolzen ist. Nun das ätherische Öl hineinträufeln, in verschließbare Gläschen füllen und erkalten lassen. Kühl aufbewahrt, hält sich die Körperbutter etwa sechs Monate.

Fülle deine Produkte in schöne Flaschen oder Schraubgläser. Das ist ein tolles Geschenk für die beste Freundin oder einen lieben Freund.

Basisprodukt Auszugsöl

Als Basis für viele Rezepte dienen Kräuter-Auszugsöle. Du kannst sie ganz einfach selbst herstellen, indem du Ringelblumenblüten- oder Rosenblütenblätter, Gundermann- oder Melisseblätter locker in ein Glas füllst und sie mit Sonnenblumenöl übergießt, sodass alle Blätter bedeckt sind. Das Glas verschließen und etwa sechs Wochen an einen sonnigen warmen Platz stellen, dabei jeden Tag schütteln. Das Sonnenblumenöl – alternativ geht auch Rapsöl – löst die ätherischen Öle aus den Blättern. Dann das Öl durch ein sauberes Baumwoll- oder Leinentuch abgießen. In dunklen, verschließbaren Glasflaschen hält es sich mehrere Monate.

Deo selfmade

Deodorants und Antitranspirants stehen schon länger in der Kritik, zum einen wegen häufiger Plastikverpackungen und Plastiksprühflaschen, zum anderen wegen der Inhaltsstoffe, allen voran Aluminiumsalze, die gesundheitsschädlich sein sollen. Die beste Alternative: Deo selber machen. Es gibt von InstagramerInnen und BloggerInnen verschiedene Rezepte, als Grundsubstanzen werden meistens Natron (zum Beispiel Kaiser-Natron), Kakao-, Kokos- oder Sheabutter und ätherische Öle verwendet. Wir haben zwei Rezepte ausgesucht, die uns gefallen und gut wirken. Am besten probierst du aus, welches selbst gemachte Deo bei dir am besten passt, denn jede Haut reagiert ein bisschen anders.

SALBEI-DEODORANT

Alle Zutaten für das Deo sind natürlich, du bekommst sie in der Apotheke. Du brauchst außerdem ein Zerstäuberfläschchen oder einen Roll-on-Behälter.

Zutaten: 10 Tropfen ätherisches Orangen- oder Grapefruitöl, 30 ml Salbeitinktur, 70 ml Salbeihydrolat, 30 ml Lavendelhydrolat

Das ätherische Öl in der Salbeitinktur lösen, die Hydrolate zugießen, alles mischen und in einen Roll-on-Behälter oder ein Zerstäuberfläschchen füllen.

NATRON-DEO

Achte bei allen Zutaten auf Bioqualität. Du brauchst für dieses Rezept außerdem 1–2 Cremetiegel mit Deckel.

Zutaten: 10 g Kakaobutter, 20 g Kokosöl, 18 g Natron, 20 g Kartoffelstärke

Kakaobutter und Kokosöl im Wasserbad bei mittlerer Temperatur schmelzen. Natron und Stärke mischen und in die Flüssigkeit einrühren. Alles in saubere Cremetiegel gießen und erkalten lassen.
Wenn du es duftend magst, können der Mischung auch noch 2–3 Tropfen ätherisches Öl zugefügt werden.

Scrub and cream für Hände und Füße

Hände und Füße werden täglich enorm beansprucht – sie haben eine gute Pflege verdient. Dafür gibt es schöne Peelings und Cremes; handgemacht, versteht sich.

Verwöhnte Füße

Das Wichtigste für deine Füße sind natürlich gute Schuhe. In Bezug auf die Produktion solltest du auf eine ökologische und nachhaltige Herstellung, faire Arbeitsbedingungen und kurze Transportwege achten.

Für ein Fußbad einige Tropfen von deinem ätherischen Lieblingsöl in eine Schüssel mit warmem Wasser träufeln und genießen.

Kaffeesatz ist ein tolles Peeling für Fersen, Ellbogen und Hände. Sanft verreiben, dann abwaschen und anschließend eincremen.

FUSS- UND HANDCREME
Zutaten: 30 g Bienenwachs, 40 g Mangobutter, 50 g Mandelöl

Mangobutter ist die wichtigste Zutat bei dieser Creme. Wir haben uns dafür entschieden, weil sie kühlend und feuchtigkeitsspendend wirkt und schnell einzieht. Außerdem hilft sie auch bei rissiger Haut – ideal also für die Füße. Wir verwenden fair gehandelte, nachhaltig produzierte Mangobutter.

Bienenwachs im Wasserbad zum Schmelzen bringen, Mangobutter und Walnussöl bei niedriger Temperatur einrühren. Weiterrühren, bis alles flüssig ist. In saubere Cremetiegel gießen und fest werden lassen. Kühl aufbewahrt, hält sich die Creme einige Wochen.

FUSS- UND HANDPEELING
Zutaten: 4 EL grobes Meersalz, 2 EL Sheabutter, 3–4 Tropfen ätherisches Öl

Für dieses Rezept wird Sheabutter verwendet. Achte beim Kauf auf unraffinierte, biozertifizierte Ware. Ersatzweise kannst du auch Bio-Kokosöl verwenden. Das ätherische Öl wählst du ganz nach deinen Wünschen frei aus: Lavendel beruhigt Haut und Nerven, Salbei wirkt desinfizierend, Zitrone gibt den Frischekick.

Meersalz und Sheabutter zusammen mit dem Öl zu einer Paste verarbeiten. Dann das Peeling in kreisförmigen Bewegungen auf Füße oder Hände auftragen und verreiben. Anschließend mit lauwarmem Wasser abspülen.

RINGELBLUMENSALBE FÜR WUNDEN UND RISSE

*Zutaten: 100 g Sheabutter, 1 große Handvoll
zerkleinerter Ringelblumenblüten*

STREICHELZART

*Zutaten: 60 g Magerquark, 1 EL Jojobaöl,
2 EL Mandelmilch, 1 TL Honig*

Nach dem Peeling geht das Verwöhnprogramm weiter. Nimm dir Zeit für deine Füße oder Hände und gönne ihnen diese wunderbare Mandelmilchmaske.

Alle Zutaten glattrühren und die Masse auf die Füße oder Hände auftragen. Dünne Baumwollsocken oder Handschuhe darüberziehen und etwa eine Stunde einwirken lassen. Dann einfach mit lauwarmem Wasser abspülen.

Ringelblumen kannst du auf dem Balkon oder im Garten ziehen; sie sind wunderschön und gar nicht anspruchsvoll. Weil die Blüten so viele gute Inhaltsstoffe enthalten, gibt es sie aber auch zu kaufen, z. B. in der Apotheke oder in Drogeriemärkten.

Sheabutter im Wasserbad schmelzen, Ringelblumen hinzufügen, umrühren und abkühlen lassen. Einige Stunden, am besten über Nacht, stehen lassen, nochmals erhitzen und die flüssige Butter durch ein sauberes Baumwoll- oder Leinentuch abgießen, in Cremetiegel füllen und erkalten lassen.

Zu Gast bei:
Jolie au naturel –
Jacqueline Degenhardt

LIEBE JACKY, DU BIST AUF INSTAGRAM UND FACEBOOK SEHR AKTIV UND HAST EINE ERFOLGREICHE NATURKOSMETIK-SERIE ENTWICKELT. WIE KAM ES DENN DAZU?

Das hat einen sehr emotionalen Hintergrund. Ich habe die Naturheilkunde von meinem Vater in die Wiege gelegt bekommen und bin Naturliebhaberin aus ganzer Seele. Er fing an, sich mit der Naturmedizin zu beschäftigen, als er sich in jungen Jahren durch Giftstoffe in Möbeln einen irreparablen Leberschaden zuzog. Der Arzt verschrieb ihm Medikamente mit starken Nebenwirkungen, die er irgendwann nicht weiter nehmen wollte und deshalb auf pflanzliche Medikamente umstieg. Jahrzehntelang konnte er so die Krankheit eindämmen.

Auslöser für die Herstellung meiner eigenen Pflegeprodukte war dann eine App, mit der ich alle Inhaltsstoffe von Kosmetika in „unbedenklich" bis „sehr bedenklich" kategorisieren konnte. Ich scannte zu Hause alle Kosmetikprodukte und war geschockt. Fast alle Produkte enthalten bedenkliche bis sehr bedenkliche Inhaltsstoffe. Von hormonell wirksamen Zusätzen bis hin zu Mikroplastikpartikeln fand sich alles in der Kosmetik. Auch die Tatsache, dass 99 Prozent der Kosmetikprodukte in Plastikbehälter abgefüllt sind und Stoffe daraus wiederum an die Cremes, Lotions usw. abgegeben werden, war für mich erschreckend.

Mir wurde bewusst: Ab jetzt möchte ich nur noch reine, natürliche Pflegeprodukte verwenden, ohne schädliche Inhaltsstoffe, die über mein größtes Organ, die Haut, aufgenommen werden. Ich erstellte gemeinsam mit meinem Vater einen Wirkstoffindex und entdeckte die wunderbaren Eigenschaften von Pflanzenwasser wie Hamamelis, Rosenwasser und Ölen, die von Natur aus angereichert sind mit unglaublich viele Vitamine, Aminosäuren und Mineralien.

ZUR REINIGUNG VON HAUT UND HAAR GIBT ES EIN PAAR INTERESSANTE UMWELTFREUNDLICHE ALTERNATIVEN ZU HERKÖMMLICHEN PRODUKTEN, ZUM BEISPIEL ROGGENMEHL ZUM HAARE-WASCHEN, HAFERFLOCKENBREI ALS GESICHTSMASKE ODER VERSCHIEDENE PFLANZENÖLE. WELCHE SELBST GEMACHTEN, NATÜRLICHEN MITTEL SIND AUS DEINER SICHT EMPFEHLENSWERT UND GUT WIRKSAM FÜR DIE HAUT- UND HAARPFLEGE?

Am besten gebe ich euch da gleich mal ein paar Rezepte an die Hand, die ich selbst auch verwende:

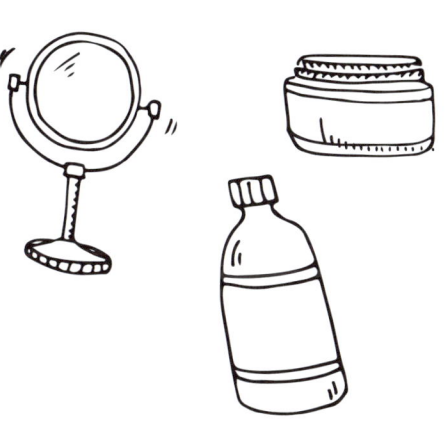

GESICHTSWASSER FÜR JEDEN HAUTTYP

Zutaten: 80 ml Bio-Rosenwasser (oder destilliertes Wasser), 10 ml Apfelessig naturtrüb, ½ ausgepresste Zitrone, 4 Tropfen ätherisches Bio-Rosenöl

Einfach alles zusammen vermischen und in ein dunkles Glasfläschchen geben.

FEUCHTIGKEITSGURKENMASKE

Zutaten: 1 Stück Bio-Gurke, 2 EL Quark, Saft von ½ Zitrone

Die Gurke waschen, trocknen und fein raspeln, dann mit Quark und Zitronensaft verrühren. Die Masse auf das Gesicht auftragen und 10 Minuten einwirken lassen. Anschließend mit lauwarmem Wasser oder einer warmen Kompresse abwaschen.

HAFER-GESICHTSMASKE

Zutaten: 4 EL Kokoswasser, 2 EL zarte Haferflocken, evtl. Joghurt

Kokoswasser und Haferflocken vermischen und erwärmen. 10 Minuten stehen lassen, dann rühren, bis eine cremige Masse entstanden ist. Danach den Brei lauwarm im Gesicht verteilen und 15 Minuten einwirken lassen. Mit lauwarmem Wasser oder einer warmen Kompresse abwaschen. Im Sommer vermenge ich das Ganze mit etwas kalten Joghurt, das ist wunderbar erfrischend.

Ich nehme für meine Kosmetik gerne Haferflocken, weil sie reich an Biotin und gut für die Haut sind. Diese Gesichtsmaske stärkt die Elastizität der Haut und wirkt regenerierend.

NATÜRLICHES ZAHNBLEACHING

Zutaten: 1 TL Aktivkohlepulver, 1 TL Bio-Kokosöl

Wenn du deine Zähne mit Aktivkohlepulver 2 Minuten lang putzt, macht sie das wunderbar weiß (natürlich erst nach dem Ausspülen). Anschließend nimmst du einen Teelöffel Kokosöl in den Mund. Durch die Wärme schmilzt das Öl sofort, und man kann es super durch die Zähne ziehen. Das wirkt antiseptisch in den Zahnzwischenräumen und unterstützt das natürliche Bleaching.

CELLULITE-KÖRPERÖL

*Zutaten: 70 ml Olivenöl, 20 ml Avocadoöl,
5 Tropfen ätherisches Grapefruitöl*

Alle Zutaten werden gemischt und
anschließend in dunkle Glasbehälter
gefüllt. Regelmäßig etwas Öl auf die
betroffenen Körperstellen geben und
einmassieren.

HAARSPRAY GEGEN
TROCKENE HAARSPITZEN

*Zutaten: 80 ml Bio-Rosenwasser,
5 ml Bio-Arganöl*

Beides in eine Braunglasflasche mit
Sprüher füllen, vor jedem Gebrauch
schütteln und in die Haarspitzen
sprühen. Durch das Rosenwasser erhält
das Haar viel Feuchtigkeit, das
Arganöl pflegt die Haare.

Detoxbad

Dem warmen Badewasser *ein Päckchen
Natron* zugeben und vermischen, bis
sich das Pulver aufgelöst hat. Die Haut
wird wunderbar weich und die Poren
öffnen sich, wodurch der Körper
entgiftet.

WELCHE NATÜRLICHEN HAUTREINIGUNGS-
PRODUKTE VERWENDEST DU ZU HAUSE?

Für die Gesichtsreinigung nehme ich nur
Wasser und einen Konjac-Schwamm.
Der Schwamm wird lediglich mit Wasser
befeuchtet und die Haut mit kreisenden
Bewegungen damit abgewaschen. Durch
die leicht raue Schwammstruktur wird
sie massiert, gereinigt und abgestorbene
Hautreste behutsam entfernt. Bei der
Reinigung spendet der Naturschwamm
der Haut außerdem Zink und Vitamine.
Mit dem Konjac-Schwamm spare ich
mir eine ganze Reihe anderer kosmeti-
scher Produkte, er kann wiederverwen-
det werden, ist kompostierbar und plastikfrei – das finde ich gut. Leider kommt
er von weit her, aus Asien, was nicht
gerade sehr nachhaltig ist. Für mich über-
wiegen aber die Vorteile des Schwamms.
Zum Abschminken nehme ich wieder-
verwendbare Bambuspads und für alles
andere einen Luffaschwamm.

GIBT ES EIN PAAR GANZ EINFACHE NATÜR-
LICHE BASISPRODUKTE, DIE ALS NACHHALTIGE
REINIGUNGS- UND PFLEGEPRODUKTE IM
BADEZIMMER STEHEN SOLLTEN?

Kokosöl ist ein wahrer Allrounder in
der Beautypflege und mein Alleskönner:

1. Das Öl ist wunderbar als Bodybutter
geeignet, am besten mit einem Esslöffel
entnehmen. Durch den Schmelzpunkt von
27 Grad schmilzt das Öl sanft auf der Haut.
2. Für die Mundhygiene und für ein
natürliches Bleaching für einige Minuten
durch die Zähne ziehen, dann ausspucken.
3. Als Haarkur über Nacht einfach in die
Spitzen einmassieren.

Empfehlenswerte Produkte: Darauf solltest du achten

Nachhaltige und ökologisch vertretbare Naturkosmetik findest du in Bioläden, Unverpackt-Läden, Naturkaufhäusern, Apotheken und Drogeriemärkten, ja sogar im Supermarkt. Und natürlich gibt es auch viele kleine, feine Anbieter, die ihre Produkte online verkaufen. Allerdings gibt es auch jede Menge Kosmetika, die mit Attributen wie bio, natürlich oder nachhaltig werben, beim genaueren Hinschauen ist dann aber nicht viel dran. Deshalb solltest du vor dem Kauf von kosmetischen Produkten auf einige Details achten.

Schon der erste Eindruck ist dabei wichtig: Opulent in einer Schachtel verpackt und in Kunststofftuben oder -behälter gefüllt, sieht die Kosmetik zwar toll aus, nachhaltig ist das Ganze aber nicht. Stattdessen sollte so wenig Umverpackung wie möglich benutzt werden und das Produkt am besten im Glasbehälter abgepackt sein. Glas kann relativ gut recycelt werden, du kannst es aber auch weiterverwenden, indem du später deine eigene Creme einfüllst, oder es als Kerzenglas upcyclest.

DER INHALT MACHT'S

Was den Inhalt angeht, ist eine Zertifizierung ein wichtiges Kriterium für ein nachhaltiges Produkt. Begriffe wie Naturkosmetik, bio oder nachhaltig sind nämlich gesetzlich nicht geschützt, sodass jeder Anbieter sein Produkt so bezeichnen darf. Mit einer Zertifizierung bist du auf der sicheren Seite, zumindest, wenn es sich um diese hier handelt:

NATRUE

BDIH-KONTROLLIERTE NATURKOSMETIK

ECOCERT

DEMETER

Die Labels findest du im Anhang noch einmal aufgelistet.

Kosmetik mit einem solchen Zertifikat ist frei von synthetischen Stoffen wie Paraffinen oder Silikonen sowie synthetischen Fetten, Duft- und Farbstoffen, und es sind keine Substanzen auf Erdölbasis enthalten. Es werden nur pflanzliche Öle und Fette oder Wachse eingesetzt, alle verwendeten Inhaltsstoffe stammen aus kontrolliert biologischem Anbau, und die Rohstoffe sollen nachhaltig und fair produziert werden.

In unserer Tabelle findest du einige Substanzen, die in Naturkosmetik nicht enthalten sein dürfen. Es gibt aber noch mehr. Wenn du dich genau informieren willst, schau mal bei www.codecheck. info/hintergrund/kosmetika nach.

Das gehört nicht in Naturkosmetik

DAS DARF NICHT DRIN SEIN	WEIL …	SO HEISSEN SIE
PARABENE	… sie u.a. hormonell wirksam sein sollen	Alle Inhaltsstoffe mit der Endung -paraben
TENSIDE	… sie oft auf Erdölbasis produziert werden und möglicherweise gesundheitsschädlich sind	PEG, Sodium Lauryl Sulfate oder die Endung -eth
ALUMINIUMSALZE/ ALUMINIUM	… sie vor allem in Deos enthalten sind, die die Hautporen verstopfen und so den Schweißaustritt verhindern; Aluminium soll gesundheitsschädlich sein	z.B. Aluminiumchlorid; Antitranspirant enthält immer Aluminiumsalze
ERDÖL	… es biologisch schwer abbaubar ist und im Verdacht steht, die Gesundheit zu schädigen	Erdöl ist meist nur sehr schwer in der Zutatenliste von Kosmetikprodukten zu entdecken
MIKROPLASTIK	… die kleinen Plastikteilchen in den Kläranlagen nicht vollständig gefiltert werden können und in unsere Gewässer, Seen und Meere gelangen	z. B. Polyethylene, Nylon-6, Nylon-12, Acrylates Copolymer

Kapitel 4

My Green Living

Nachhaltig wohnen, was heißt das eigentlich genau? Was hat Ordnung mit Nachhaltigkeit zu tun, was ist Minimalismus, und woran erkennst du nachhaltige Möbelstücke, Wandfarben und Böden? All das verraten wir in diesem Kapitel.

Die Sache mit dem Platz

Du kannst dir nicht vorstellen, dass weniger Besitz und Nachhaltigkeit zusammenhängen? Wir zeigen dir, warum es doch so ist und warum weniger in diesem Fall mehr und umweltschonender ist.

Stell dir vor, du würdest nur auf der Hälfte der Fläche wohnen, die du jetzt zur Verfügung hast. Dann würden nicht nur Möbel und Accessoires wegfallen, sondern auch noch andere Dinge eingespart werden. Dabei käme einiges zusammen: So wäre als Erstes deine Miete geringer, das heißt, du hättest mehr Geld zur Verfügung und könntest vielleicht sogar weniger arbeiten. Auch deine Versicherung, die an deine Wohnfläche angepasst ist, würde sinken – wieder Geld gespart. Weiterhin würden sich deine Heizkosten verringern, weil du weniger Fläche beheizen müsstest – ein Einsparen von Energie und ein geringerer CO_2-Abdruck wären die positiven Folgen. Schon beim Bauen der Wohnung oder des Hauses werden für eine kleinere Immobilie weniger Baustoffe und damit auch weniger Energie verbraucht. Eine amerikanische Studie kommt zu dem Ergebnis, dass eine Halbierung der Wohnfläche die CO_2-Emissionen einer Immobilie über ihren gesamten Lebenszyklus um 36 Prozent reduzieren kann.

MEHR ZEIT FÜR DICH

Mal abgesehen von all diesen finanziellen und klimatechnischen Aspekten sparst du Lebenszeit, indem du dich um weniger Dinge kümmern musst. Deine Aufmerksamkeit kannst du den wirklich wichtigen Aspekten deines Lebens widmen wie deiner Familie, deinen Freunden oder deinen Hobbys. Weniger Raum bedeutet also weniger Kosten, weniger CO_2, weniger Energieverbrauch, weniger Ressourceneinsatz und obendrein weniger Mühe. Letzteres gilt sowohl für das Putzen als auch für deine Alltagsabläufe. Weniger Raum bedeutet also mehr Zeit für dich.

Kurz gesagt

- WENIGER MIETE
- WENIGER HEIZKOSTEN
- WENIGER VERSICHERUNG
- WENIGER CO₂
- WENIGER RESSOURCEN
- WENIGER ENERGIE
- WENIGER MÜHE
- WENIGER PUTZEN
- WENIGER AUFRÄUMEN

Aufräumen mit System

Um mehr Raum zu schaffen, heißt es erst mal aufräumen und sortieren. Stelle dir vier Kisten bereit, sie helfen dir beim Ordnen und Sortieren.

1.

ÜBERBLICK VERSCHAFFEN

2.

ALLES AUF EINEN HAUFEN

z. B. alles aus dem Kleiderschrank

3.

AUSSORTIEREN
BRAUCHST DU ES WIRKLICH?

4.

JEDES TEIL IN DIE HAND NEHMEN UND BEURTEILEN, OB ES WIRKLICH NOCH VERWENDET WIRD

4.1
JA!
ZURÜCK IN
DEN SCHRANK

FESTER PLATZ

4.2
NEIN!
WEIL KAPUTT

ENTSORGEN

4.3
NEIN!
WEIL ES NICHT
MEHR GEFÄLLT,
ABER NOCH GUT
ERHALTEN IST

**VERSCHENKEN &
VERKAUFEN**

KISTE 1

BEHALTEN

Hier hinein gehören alle Dinge, die du auch wirklich behalten möchtest. Wenn du sie wieder in den Schrank räumst, weise jedem Stück gleich einen festen Platz zu – so sorgst du von vornherein für Ordnung.

KISTE 3

SPENDEN/VERKAUFEN

Manche Sachen sind einfach zu schade zum Wegwerfen. Aber wenn du sie nicht mehr benötigst, müssen sie auch nicht in deinen Schränken verstauben. Also doch lieber spenden oder verkaufen, so freut sich noch jemand darüber. Eine Übersicht, wo du was abgeben kannst, findest du auf Seite 94.

KISTE 2

MÜLL/RECYCLING/
GELBE TONNE

Deine Müllkiste unterteilst du am besten in zwei Bereiche: Restmüll und Recycling. So lassen sich diese Dinge am Ende auch richtig entsorgen. Du bist dir nicht sicher, wo was hingehört? Dann blättere zurück auf Seite 90, dort kannst du dich orientieren.

KISTE 4

ANDERER RAUM

Manchmal passt ein Gegenstand aus dem Wohnzimmer eigentlich viel besser in den Flur oder ins Bad. Wenn du eine Idee hast, wo er nach dem Aufräumen besser zur Geltung kommt oder gebraucht wird, gehört er in Kiste Nummer 4.

Wegweiser aus dem Chaos

Starte mit einem Projekt und beende es, bevor du mit dem nächsten beginnst. Hier sind einige Aufräumtipps für dich:

Handtasche

Du trägst sie täglich mit dir herum, sie beherbergt all deine kleinen Schätze – und wie viel ist darin, was eigentlich nicht hineingehört? Auch hier gilt: Tasche komplett ausräumen und einen Überblick verschaffen.

Kleiderschrank

Alles, was dir nicht mehr passt, legst du auf den ersten Haufen. Auf den zweiten kommen all die Sachen, die abgetragen oder kaputt sind. Auf den dritten die Teile, die du noch behalten möchtest. Stelle dir dabei die Frage, ob das Kleidungsstück zu deinem jetzigen Stil passt und ob du es sofort anziehen würdest. Beantwortest du beide Fragen mit Ja, darf das Stück wieder in den Kleiderschrank einziehen. Wenn nicht, kommt es auf den Ich-bin-noch-ganz-Haufen. Diese Teile kannst du entweder spenden oder verkaufen. Haufen Nummer 2 entsorgst du.

Smartphone

Je mehr Apps, Musik, Fotos und Dateien auf deinem Telefon lagern, desto schwerer fällt es, den Überblick zu behalten. Lege vor dem Aufräumen zuerst ein Daten-Back-Up an – nicht, dass du versehentlich etwas löschst, was du noch brauchst. Dann gehe alle Programme und Ordner durch, entferne Ungenutztes und sortiere neu.

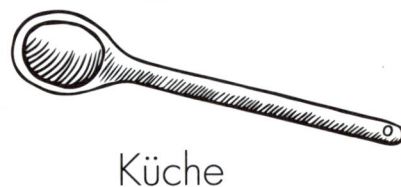

Küche

Arbeite dich durch jeden Schrank einmal durch und miste aus. Geschirr, das einen Sprung hat, kannst du ruhig entsorgen oder upcyceln. Dosen, bei denen der Deckel fehlt, legst du beiseite und schaust, ob du sie anderweitig verwenden kannst. Manchmal wandern diese dann in die Flurkommode, um Ordnung zu schaffen.

Kommode im Flur

Da steht sie, die Ablagekommode, in der fast alles verschwinden kann. Aus Bequemlichkeit nutzen die meisten von uns dieses Möbelstück recht häufig – kein Wunder es sammelt sich hier nach einiger Zeit ein rechtes Sammelsurium an Dingen an. Nachdem du aussortiert hast, legst du wie beim Computer eine neue Struktur an. Körbe oder Schalen in der Kommode können dabei helfen.

Wohnzimmer

Beim Blick ins Wohnzimmer stelle dir Fragen wie: Wie viele Kissen und Dekoartikel brauche ich wirklich? Muss unter dem Wohnzimmertisch immer so viel Zeug liegen? Kann das weg? Wie viele DVDs habe ich – und wann habe ich sie das letzte Mal angeschaut? Falls du noch CDs besitzt: für sie gilt natürlich dasselbe!

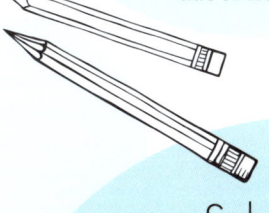

Schreibtisch

Kalender aus den vergangenen Jahren, vollgeschriebene Notizbücher, Blöcke, die nur noch aus einem Deckblatt und dem Rücken bestehen, Bücher, Stifte und so weiter. Die Liste ist an dieser Stelle wirklich lang. Beginnen wir mit den Stiften: Überprüfe, ob sie überhaupt noch funktionieren, und überlege, welche du tatsächlich benutzt. Diese legst du schön geordnet in eine Stiftebox, die anderen kannst du verschenken. Im Großen und Ganzen wirst du aber wohl nicht mehr als sieben Kugelschreiber benötigen. Auch Zeitschriften und Bücher werden an ihren neuen, festen Ort gelegt.

Bücherregal

Marie Kondo sagt, dass sie nur 30 Bücher besitzt. Für jemanden, der Bücher liebt, ist das wirklich eine geradezu winzige Zahl. Gehe dennoch dein Bücherregal konsequent durch. Benötigst du wirklich noch die gesammelte Fachliteratur aus deinem Studium oder gar die alten Lehrbücher aus der Schule? Nein? Dann gehören sie auch nicht länger ins Regal und können getrost von dir aussortiert werden.

Lina Jachmann

Die Kreativdirektorin und Autorin zeigt dir, warum weniger manchmal doch mehr ist.

Ich empfehle immer, da anzufangen, wo es am meisten wehtut. Also da, wo man die Belastung als am größten empfindet. Das kann der Kleiderschrank sein, wo man keine Hand mehr zwischen all die Kleider bekommt, und wenn man etwas herausziehen will, einem schon alles entgegenpurzelt. Oder das Badezimmer, wenn man feststellt, ich habe da so viele Produkte, die vielleicht auch nicht mehr zu mir und meinen Werten passen, die zum Beispiel Mikroplastik enthalten. Auf jeden Fall rate ich aber immer dazu, mit einem überschaubaren Projekt anzufangen, damit es nicht zu einer homöopathischen Erstverschlimmerung kommt. Also beispielsweise an einem verregneten Sonntag sich mal drei Stunden Zeit nehmen, alles aus Schrank oder Kommode ausräumen und das aber auch abschließen. Denn sonst droht Chaos, man könnte die Freude am Entrümpeln verlieren und am Ende frustriert aufgeben.

ZUERST DIE WOHNUNG ENTRÜMPELN UND NACH UND NACH DAS LEBEN? KANN EINE MINIMALISTISCHE WOHNUNG ZU SOLCHEN VERÄNDERUNGEN FÜHREN?

So pauschal lässt sich diese Frage nur schwer beantworten. Aber eine Option auf Veränderungen besteht durch das Entrümpeln schon. Viele Menschen, mit denen ich gesprochen habe, haben mir das so geschildert. Das physische Auf- und Enträumen der Wohnung war sozusagen der Startschuss, nach dem noch ganz andere Prozesse in Gang gesetzt wurden. Oft eben auch in Richtung „grüner Minimalismus", in Richtung Nachhaltigkeit, in Richtung Zero Waste. Denn wenn wir erst einmal sensibilisiert sind für die Dinge, mit denen wir uns in unserer Wohnung umgeben, sie nicht länger anhäufen, sondern uns bewusst für sie entscheiden, bewirkt das oft auch einen bewussten und kritischen Blick auf andere Lebensbereiche. Darum geht es in meinem zweiten Buch *Einfach Leben – der Praxiscoach*. So können wir zum Beispiel auch unsere Sprache entrümpeln und bestimmte ungünstige Gewohnheiten, beispielsweise die Art und Weise, wie wir mit uns selbst und anderen sprechen, über uns und andere denken und so weiter. Solche Entwicklungen habe ich schon oft beobachten können. Es beginnt mit der Wohnung, weil das erst einmal leichter ist, denn man kann Kleider, Möbel und andere Dinge sehen, physisch anfassen und ordnen. Und ganz allmählich wirkt sich das auch auf andere Lebensbereiche aus, und diese können dann folgen.

WELCHEN EINFLUSS HAT DIE MINIMALISTISCHE LEBENSWEISE AUF DEINEN ALLTAG?

Auch bei mir war es so, dass ich zunächst einmal mit dem physischen Aussortieren angefangen habe. Das tat mir so gut, dass nach und nach auch meine anderen Lebensbereiche gefolgt sind. Mittlerweile bin ich dabei, auch meine Ernährung zu „entrümpeln". Ich war Vegetarierin und habe jetzt begonnen, zu großen Teilen Milchprodukte wegzulassen, versuche nicht so viel Processed food zu konsumieren und zu kaufen, sondern gehe in den Unverpackt-Laden und stelle manche Lebensmittel und meine kosmetischen Produkte selbst her. Denn ich mag die Klarheit und das Wissen darüber, was in den Produkten enthalten ist und dass nur wenige Zutaten dafür verwendet wurden.

WAS HAT MINIMALISMUS MIT NACHHALTIGKEIT ZU TUN? UND WAS IST GRÜNER MINIMALISMUS?

Die Themen müssen nichts miteinander zu tun haben. Für viele Menschen und auch für mich stehen beide Begriffe jedoch in einer engen Verbindung. Das ist dann der grüne Minimalismus, ein Begriff, den ich kreiert habe – zumindest ist er mir vorher nie begegnet. Für mich ist grüner Minimalismus ein Minimalismus, der ganz bewusst nachhaltig ausgerichtet ist. In Marie Kondos „Aufräum-Queen" Büchern habe ich gelesen, dass die Leute, wenn sie ihren Ordnungsprozess durchlaufen, im Schnitt sechs Müllsäcke aus ihrer Wohnung tragen. Aber leider sortieren sie sie nicht weiter, sondern schmeißen sie einfach weg. Das ist ein Punkt, den ich als traurig und total schade empfinde und als grundsätzlich falsch. Nur weil mir persönlich etwas in meinem Leben nicht mehr dient, heißt das ja nicht, dass es jetzt plötzlich schlecht geworden ist und in den Müll gehört. Jemand anderer könnte sich darüber freuen, diesen Gegenstand gut gebrauchen und ihm ein neues Zuhause ge-

ben. Deshalb finde ich es ganz wichtig, beim Entrümpeln darauf zu achten, dass die Dinge im besten Fall wieder in den Kreislauf zurückgeführt und weiter benutzt werden können. Zu einem grünen Minimalismus gehören für mich daher auch Aspekte von Zero Waste und Sharing Economy beziehungsweise überhaupt das Nachdenken darüber, ob etwas gekauft werden muss oder nicht. Denn oft gibt es Alternativen wie ausleihen oder selbst herstellen. Grundsätzlich ist es ja so, dass Minimalisten deutlich weniger kaufen als Nicht-Minimalisten und darüber hinaus sensibilisiert sind für ihren Einkauf, also beispielsweise auf Nachhaltigkeit setzen. Grüne Minimalisten machen sich im besten Fall zudem noch bewusst, dass jeder Einkaufsbon ein Stimmzettel dafür ist, welche Produkte und Unternehmen wir in dieser Welt überhaupt haben wollen. Wir als Konsumenten haben die Macht darüber, was weiter produziert wird und was nicht. Grüne Minimalisten haben das realisiert und stellen ihr Kaufverhalten darauf ein.

IM MINIMALISMUS STECKT AUCH DAS THEMA SELBERMACHEN. AUF WELCHE KAUF-PRODUKTE KANNST DU GANZ VERZICHTEN, UND WELCHE MACHST DU LIEBER SELBST?

Ich habe den Inhalt meines Badezimmerschrankes um gute 80 Prozent reduziert. Mittlerweile benutze ich hier nur noch Produkte, die ich entweder selbst herstelle oder größtenteils unverpackt einkaufen kann. Zum Duschen verwende ich zum Beispiel einfach ein Stück Seife, und zum

WAS IST
MINIMALISMUS?

Wortart: Substantiv, maskulin
Gebrauch: bildungssprachlich

Bedeutung: bewusste Beschränkung auf
ein Minimum, auf das Nötigste

ORDNUNG

GLÜCK

MEHR ZEIT FÜR
DAS WESENTLICHE

LEICHTIGKEIT

BEWUSSTER LEBEN

ACHTSAMKEIT

Haarewaschen nehme ich ein festes Shampoo – beides kann ich ohne Umverpackung kaufen. Vom Peeling bis zum Putzmittel stelle ich viele Dinge aus einfachen Zutaten selbst her. Die besten Rezepte teile ich in meinem Buch *Einfach leben* mit den Lesern. Auch in der Küche verarbeite ich gern frische, saisonale Lebensmittel, statt stark verarbeitete Produkte zu kaufen. Außerdem weiß man beim Selbermachen genau, was drinsteckt, nämlich nur gute Zutaten und keine Produkte, die die Haut oder unsere Umwelt belasten. Dinge selbst zu machen, spart außerdem mittelfristig Zeit und richtig viel Geld, weil die Grundzutaten in größeren Mengen gekauft werden können und keine großen Markennamen mitbezahlt werden müssen.

WARUM SIND ENTRÜMPELN UND LOSLASSEN SO WICHTIG?

Die wichtigsten Dinge im Leben sind ja gar keine Sachen. Ich bin zwar ein ziemlicher Selbstoptimierungsgegner, weil ich finde, dass jeder eigentlich schon perfekt ist, wie er ist und keiner sich zu sehr verbiegen sollte. Aber Entrümpeln und Loslassen ist für viele Menschen etwas sehr Schönes, und sie erleben das als etwas Befreiendes und Bereicherndes. Es setzt eine Art Lupeneffekt ein, wenn man sich von Dingen befreit, die überflüssig sind und das eigene Leben nicht mehr bereichern. Auf diese Weise entsteht eine neue Klarheit, ein neuer Fokus und damit Raum für Neues, für Entwicklung, für Wachstum und auch für Begeisterung. Durch Minimalismus spart man Zeit, Geld und Ressourcen

und gewinnt Freiheit, Glück und Raum. Deshalb würde ich sagen, dass es sehr schön sein kann, diese Erfahrung zu machen. Das habe ich auch selbst so erlebt und kenne auch viele andere, denen es so ergangen ist. Ich verwende gern dieses Bild: Wenn man sich einer komplizierten Denkaufgabe widmen muss, ist es sinnvoll, vorher den Schreibtisch aufzuräumen, vielleicht die Platte abzuwischen, sich ein Blatt Papier und einen Stift zurechtzulegen – dann kann man den Fokus auf die neue Aufgabe richten und loslegen. Diese befriedigende Erfahrung lässt sich durch Minimalismus, Entrümpeln und Loslassen permanent ins eigene Leben integrieren. Dann ist es sozusagen der Dauerzustand, die Lupe auf die wichtigen Dinge zu legen. Und dabei gleichzeitig zu lernen, was wichtig ist und was nicht.

Linas Bücher

EINFACH LEBEN

Das Standardwerk in Sachen Minimalismus von Lina Jachmann. Manche bezeichnen *Einfach leben. Der Guide für einen minimalistischen Lebensstil* auch als Minimalismus-Bibel. Knesebeck Verlag, 2017

EINFACH LEBEN – DER PRAXISCOACH

Der Habit Tracker spürt persönliche Gewohnheiten auf, praktische Übungen, Checklisten, Aufgaben und Tipps helfen dabei, zu entrümpeln und loszulassen, und im Minimalismus-Tagebuch lassen sich eigene Fortschritte festhalten und alles, wofür man dankbar ist. Knesebeck Verlag, 2019

Die Kunst des Weglassens

Minimalisten setzen den Fokus auf das Wesentliche – doch das kann für jeden etwas anderes sein. Den einen Minimalismus, der für alle gilt, gibt es nicht.

Minimalismus als Einrichtungsstil ist in den berühmten 70's entstanden. Dabei geht es um die Kunst des Reduzierens und den Mut, sich von Überflüssigem zu befreien. Oder wie der berühmte Designer Mies van der Rohe schlicht sagte: „Weniger ist mehr." Das bedeutet, dich zu fragen: Was in deinem Zuhause benötigst du wirklich? An welchen Dingen hängt dein Herz? Nüchtern betrachtet, bleibt in den meisten Fällen nicht wirklich viel übrig. Alles Überflüssige betrachtet der Minimalist als Ballast. Was bleiben darf, hängt natürlich von den eigenen Prioritäten ab, generell gilt aber, dass nicht Quantität, sondern Qualität im Vordergrund steht.

Der Minimalist fokussiert sich darauf, ein Bewusstsein für das Wesentliche zu entwickeln – auch in Fragen von Konsum, Besitz und Nachhaltigkeit. Alle Dinge müssen eine Funktion haben, doch worin sie besteht, entscheidest du. Das bedeutet im Umkehrschluss: Reine Deko führt weg vom Wesentlichen. Auch die Wände dürfen weiß bleiben, um Ruhe auszustrahlen und nicht abzulenken. Ein minimalistischer Wohnstil geht Hand in Hand mit einem besonderen Lebensgefühl: sich von Konsum- und Alltagszwängen zu verabschieden, Überflüssiges und Grübeleien loszulassen, im Hier und Jetzt zu leben, achtsam und nachhaltig zu sein.

Wir renovieren:
Ideen für deine vier Wände

DIE UNTERSCHIEDE

Dass Wandfarbe nicht gleich Wandfarbe ist, wissen wir längst. Aber worin bestehen die Unterschiede zwischen konventionellen und ökologischen Produkten? Hier ist die Antwort: Konventionelle Wandfarben – meist Dispersionsfarben genannt – werden üblicherweise auf Kunstharzdispersionsbasis hergestellt und verzichten auf eine natürliche Grundlage. Sie sind meist problemlos zu verarbeiten und ermöglichen ein ansprechendes farbliches Gesamtbild. Für die optische Wahrnehmung sicherlich ein zufriedenstellendes Ergebnis. Allerdings enthalten diese Farben in der Regel Stoffe, die bei der Trocknung an die Raumluft abgegeben werden und den Geruchssinn stark belasten – und sogar zu Krankheitssymptomen führen können. Bedenklich sind hier insbesondere aromatische Kohlenwasserstoffe. Echte baubiologische Wandfarben enthalten in der Regel Bindemittel auf Kalk-, Silikat-, Lehm- oder Naturharzbasis. Zudem verzichten sie auf chemische Lösungsmittel. Damit werden auch keine chemischen Emissionen und Verdunstungen abgegeben, die dein Raumklima negativ beeinflussen könnten. Naturfarben sind ideal für alle Innenräume, aber auch für die Hausfassade. Eine Übersicht findest du auf der nächsten Seite.

Umweltfreundliche Wandfarben

Wir alle kennen den Blauen Engel und glauben, dass es ein Umweltsiegel ist, dem man vertrauen kann. Wir sagen dazu leider: „Jein". Zuerst die Fakten: Wandfarben erhalten das Siegel Blauer Engel, wenn sie sehr wenig Lösungsmittel und Formaldehyd enthalten, der Anteil an Weichmachern unter 0,1 % liegt, die Farbe frei von Bleiverbindungen ist, sie geringe Anteile an Konservierungsstoffen enthalten, nicht die Ozonschicht schädigen, es eine telefonische Beratung für Allergiker gibt, sie frei von krebserzeugenden, fortpflanzungsgefährdenden und erbgutverändernden Stoffen sind und Werbeaussagen nicht verharmlost werden. Man möchte meinen, dass das erst einmal gut klingt. Doch Achtung: Die Konservierungsmittel Methylisothiazolinon (MIT) und Chlormethylisothiazolinon (CIT), die allergische Reaktionen auslösen können, wurden 2018 nur in matt-weißen Wandfarben gänzlich verboten. Bei allen anderen Farben können diese Stoffe weiterhin zugesetzt sein, obwohl das Produkt mit dem Blauen Engel ausgezeichnet ist.

TIPP: Du solltest also unbedingt das Kleingedruckte lesen oder lieber gleich auf ökologische Wandfarben umsteigen.

Wir renovieren:
Die Wände

Silikatfarbe

Silikatfarbe verbindet sich mit dem Untergrund, ohne die Atmungsaktivität einzuschränken. Die Alkalität hält sich so deutlich länger, wodurch Schimmel langfristig verhindert wird. Sie bietet den beständigsten und haltbarsten Anstrich und wird deshalb nicht nur im Innenbereich, sondern bevorzugt auch als Fassadenfarbe verwendet. Ihr wichtigster Bestandteil ist das Kaliwasserglas, das unter hohen Temperaturen aus Quarzsand und Pottasche (Kaliumcarbonat) gewonnen wird.

Lehmfarbe

Aus optischen Gründen wählen immer mehr Verbraucher Lehmfarben. Diese bestehen aus einem Ton-Sand-Gemisch, sind auch als Biofarben gut zu verarbeiten und atmungsaktiv. Eine Lehmfarbe ist optisch interessant, jedoch nur bedingt abriebbeständig und auch nur bedingt lagerstabil. Bei der Renovierung alter Gebäude und Scheunen kann Lehmfarbe jedoch die beste Wahl sein, weil sie sich problemlos auf Holzplatten und Balken auftragen lässt.

Naturharz– Dispersionsfarbe

Sie wird zur Gestaltung mineralischer Untergründe sowie für Papiertapeten, Gipsfaserplatten o. Ä. im Innenbereich verwendet. Sie ist diffusionsoffen und besonders leicht zu verarbeiten. Im Unterschied zu mineralischen Farben (wie Kalk- oder Silikatfarben) sind Wandfarben auf pflanzlicher Basis wie Naturharz-Dispersionsfarben nicht vergilbungsbeständig. Außerdem sind sie aufgrund ihrer organischen Bestandteile für Feuchträume oder schimmelgefährdete Bereiche ungeeignet.

Sumpfkalkfarbe

Reine Kalkfarben beugen aufgrund ihrer Alkalität Schimmelbefall und Keimen vor, weshalb sie traditionell in Bauernhäusern und Kellerräumen zum Einsatz kamen. Sie bestehen aus gelöschtem Kalk und Wasser. Der Kalk fungiert dabei als Bindemittel und als Pigment. Sumpfkalkfarben können jedoch nur auf vorgenässten Kalkputzen in mehreren Arbeitsgängen in Bürstentechnik aufgetragen werden und sind für Gipsputze oder Tapeten nicht geeignet.

Kalk-Kasein-Anstriche

Das sind Kalkfarben, die ein Milcheiweiß sowie Methylzellulose enthalten, was wiederum Schimmelsporen besonders gut als Nahrung dienen kann, und zudem verschorfen sie auf dem Untergrund, das heißt sie schälen sich nach mehreren Anstrichen. Deshalb empfehlen wir diese Art von Kalkfarben nur in ganz speziellen Fällen.

Kalkfarbe

Sie ist als feuchtigkeitsregulierende Farbe für Feuchträume ideal und eignet sich für alle saugfähigen mineralischen Untergründe im Innenbereich wie Kalkputz, Zementputz, Kalksandstein, Zement, Porenbeton, Ziegel, Lehmputz usw. Der Originalfarbton ist naturweiß-matt, kann aber beliebig abgetönt werden, und zwar mit allen kalkechten Farbkonzentraten. Die Zugabe sollte max. 20 % nicht überschreiten. Kräftige Farbtöne lassen sich mit Kalkfarben also nicht realisieren.

Wir renovieren:
Zu unseren Füßen

Der Bodenbelag ist ein wesentlicher Bereich unseres Zuhauses.
Gerade hier sollten wir deshalb auf ökologische Lösungen achten.

Klassische Holzdielen oder Parkett sind längst nicht mehr die einzigen Bodenbeläge, die aus natürlichen Rohstoffen hergestellt werden. Böden aus Kork, Linoleum, Naturstein und Bambus sind ebenfalls nachhaltig und können für fast jeden Raum zum Einsatz kommen. Wovon man jedoch die Finger lassen sollte, sind Holzböden, bei denen die Herkunft nicht nachvollziehbar ist, Böden, die Weichmacher enthalten oder Kleber, deren Inhaltsstoffe fragwürdig sind. Um das zu umgehen, bieten ökologische Baumärkte vertrauenswürdige Produkte an.

No-Go

PVC, DER ELASTISCHE BODENBELAG

Er lässt sich gut verlegen, ist leicht zu pflegen und preiswert. Aber die Umwelt wird sowohl bei der Produktion als auch bei der Entsorgung in Mitleidenschaft gezogen. Der Grund dafür sind hormonähnliche Substanzen und Schadstoffe, die durch Ausdünsten die Raumluft belasten können.

Wir renovieren:
Der Boden

Holzfußböden

Es gibt verschiedene Möglichkeiten,
Holz als Bodenbelag einzusetzen. Dazu
gehören Parkett und Dielenböden. Beide
sollten ausschließlich aus Hölzern produziert
werden, die aus nachhaltiger Forstwirtschaft
stammen. Gut zu wissen: Ein guter Holzboden
kann immer wieder neu abgeschliffen werden
und sieht dann wieder aus wie am ersten Tag.
Darüber hinaus ist Holz ein hygroskopischer
Baustoff: Es kann Luftfeuchtigkeit aufneh-
men und wieder abgeben. So sorgt ein
Holzboden für ein angenehmes
Klima in allen Wohnräumen.

Kork-
boden

Kork wird aus der Rinde von
Korkeichen gewonnen. Sie werden in regelmä-
ßigen Abständen geschält. Für die Ernte wird der
Baum also nicht gefällt, und die Rinde wächst
wieder nach. Das Korkgranulat, das für die Herstellung von Korkbodenplatten benötigt wird,
ist ein Abfallprodukt der Korkenproduktion. Als
Binde- oder Lösemittel sowie als Pigmente zur
Einfärbung können, je nach Produkt, sowohl synthetische als auch natürliche Materialien verwendet
werden. Daher lieber nachfragen, wie sich der
Boden zusammensetzt. Ein Bodenbelag aus Kork
ist elastisch und fühlt sich angenehm an. Er ist
hygienisch, antistatisch und allergiker-
freundlich. Außerdem besitzt er eine
gute Wärmedämmwirkung.

Linoleum

Seinen Namen verdankt das Linoleum dem Bestandteil Leinöl. Auch alle seine anderen Bestandteile (Holz- oder Korkmehl, Naturharze, mineralische Füll- und Farbstoffe) sind natürlichen Ursprungs. Durch seine strapazierfähige, pflegeleichte glatte Oberfläche wurde Linoleum viele Jahre in Treppenhäusern oder Schulen verlegt. Sein langweiliges Image hat der Bodenbelag aber schon lange hinter sich gelassen. Heute werden mit Linoleum sehr schöne, farbige und wohnliche Bodenbeläge gestaltet. Einsetzbar ist es in allen Räumen.

Designboden

Der Unterschied zu konventionellen Vinylböden besteht darin, dass Designböden ganz ohne PVC, das heißt, ohne schädliche Weichmacher und ohne Chlor produziert werden. Viele von ihnen tragen den Blauen Engel und sind recycelbar. Eingesetzt werden können sie in allen Wohnräumen, aber auch in Küche und Badezimmer. Aufgrund ihrer Oberfläche sind sie pflegeleicht und strapazierfähig.

Bambus

Seine Halme entstehen aus einem riesigen unterirdischen Geflecht, sodass er nach der Ernte einfach wieder nachwächst – und das mit der enormen Geschwindigkeit von 30 bis 120 Zentimetern pro Tag. Bereits nach fünf Jahren ist der verholzte Bambus ideal für die Verarbeitung geeignet. So unterscheidet sich die Oberfläche eines Bambusbodens kaum von einer Holzoberfläche. Bambus ist hart, sogar härter als Eiche, und hat eine interessante Maserung. Ein Bodenbelag aus Bambus hält hohen Belastungen bei geringem Eigengewicht stand.

Naturstein

Granit, Marmor, Schiefer, Sandstein oder andere Gesteine gehören zu den beliebtesten Bodenbelägen im Haus. Ökologisch wird das Material vorwiegend durch die Schadstofffreiheit und Langlebigkeit nach der Verlegung, weiterhin ist Naturstein wiederverwendbar und recyclingfähig. Die Ökobilanz ergibt sich auch aus der Herkunft: lange Transportwege sorgen hier für Abstriche. Natursteinboden ist strapazierfähig, und du findest eine große Auswahl an Oberflächenstrukturen, Farben und Verlegemöglichkeiten.

Wir richten uns ein:
Möbel aus Holz

Holzmöbel ist nicht gleich Holzmöbel. Wir verraten dir, worauf du achten solltest, um dich nachhaltig und ökologisch einzurichten.

Zunächst solltest du nur natürlich behandelte Hölzer auswählen, in denen keine Schad- und Kunststoffe aus der Verarbeitung enthalten sein dürfen. Kleber, Kunststoffe oder synthetische Lasuren und Holzsprays sind also tabu. Stattdessen sind nur natürliche Öle, Wachse und Lasuren beim Fertigungsprozess erlaubt. Nur dann atmest du keine giftigen Stoffe ein, die mit der Zeit aus chemisch behandelten Oberflächen austreten würden. Weiterhin wichtig für dein nachhaltiges Einrichten ist, dass du auf Produkte aus nachwachsenden Rohstoffen achtest und nur solche

Möbel den Weg in dein Zuhause finden. Dazu gehören einheimische Hölzer oder Bambus. Entscheide dich am besten für Hölzer aus der deutschen oder europäischen Forstwirtschaft, die mit dem bekannten FSC-Siegel versehen sind (siehe Anhang). So kannst du sicher sein, dass die Lieferwege nicht zu lang sind und keine Ressourcen verschwendet wurden. Hölzer aus den Tropen sind wegen des Transportweges also nicht zu empfehlen. Achte bei deinen Holzmöbeln außerdem auf Langlebigkeit, denn je länger sie halten, desto nachhaltiger sind sie auch.

Kissen & Co.

Nicht alle Naturfasern sind unter ökologischen Aspekten zu empfehlen.

DIE STOFFPRODUKTION

Jahrtausendelang wurden Textilien nur aus Naturmaterialien wie Flachs und Wolle hergestellt. Das ist heute leider anders. Drei Viertel aller Textilien werden industriell aus verschiedenen Fasern und Fasermischungen produziert, und die sogenannten Chemiefasern bilden mittlerweile über 70 Prozent der gesamten Weltproduktion. Diese Synthetikfasern werden in einem langen chemischen Prozess hergestellt, der viel Energie und Ressourcen benötigt. Der Energieverbrauch ist dabei übrigens wesentlich höher als bei Naturfasern: so benötigt Polyester viermal so viel Energie wie Baumwolle. Aber egal ob pflanzliche, tierische oder chemische Fasern, die industrielle Produktion kann je nach Standard massive Umwelt- und Gesundheitsprobleme verursachen, oftmals schon durch die vor Ort herrschenden Arbeitsbedingungen, die viel zu wenig Schutz vor giftigen Chemikalien bieten. Deshalb ist es hier besonders wichtig, auf ökologische Produkte umzusteigen. Bei Bettwäsche, Handtüchern, Teppichen und Kissen solltest du also immer auf ökologische Standards achten.

Zertifizierung

OEKO-TEX UND GOTS

STANDARD 100 BY ÖKO-TEX

Dieses Siegel zertifiziert Textilien wie Kleidung, Handtücher oder Bettwäsche. Es weist darauf hin, dass sie auf Schadstoffrückstände geprüft sind. Über die Herstellungsbedingungen sagt es jedoch nichts aus.

GOTS

Der Global Organic Textile Standard zeichnet Textilien aus, die aus biologisch erzeugten Naturfasern verarbeitet wurden. Hier werden auch in der Herstellungskette die umwelttechnischen Anforderungen überprüft.

Wir richten uns ein

Bio-Baumwolle

Das Bio-Zertifikat für Baumwolle garantiert den ausschließlich ökologischen Anbau der Faser. Dabei wird auf chemische Dünger und Pestizide verzichtet, auch Gentechnik ist streng verboten.
Was du wissen musst:
Über die Weiterverarbeitung bis hin zum fertigen Kleidungsstück sagt das Zertifikat nichts aus. Beim Anbau von Baumwolle wird viel Wasser benötigt, für ein Kilo sind es rund 11.000 Liter.

Bio-Wolle

Bio-Wolle stammt aus kontrolliert biologischer Tierhaltung (kbT) von Tieren, die artgerecht und im Einklang mit der Natur gehalten werden. Pestizide und Kunstdünger sind nicht erlaubt.
Was du wissen musst:
Bei der Weiterverarbeitung dürfen keine chlorierten Kohlenwasserstoffe verwendet werden, Tenside müssen biologisch abbaubar sein. Erlaubte Zusatzstoffe sind lediglich Substanzen auf Basis natürlicher Rohstoffe.

Bio-Leinen

Bio-Leinen stammt aus kontrolliert biologischem Anbau (kbA), der Flachs wird völlig ohne die Verwendung von chemischen Düngemitteln und Pestiziden angebaut. Die Verarbeitungsbetriebe arbeiten unter hohen Sicherheitsstandards, halten Arbeitszeiten ein und entlohnen ihre Arbeiter fair.
Was du wissen musst:
Flachs ist ein schnell nachwachsender Rohstoff, für dessen Anbau in der Regel keine zusätzliche Bewässerung benötigt wird. Die gute Ökobilanz von Leinen ist darauf zurückzuführen, dass die Faser eine lange Lebensdauer hat und kompostierbar ist.

Bio-Seide

Bio-Seide wird nach den Standards der kontrolliert biologischen Tierhaltung (kbT) produziert, was bedeutet, dass die Raupen Maulbeerblätter oder andere Pflanzen fressen, die frei von Pestiziden sind. Zudem wird auf die sonst übliche Hormonbehandlung der Tiere verzichtet. Bei der Stoffverarbeitung, dem Abkochen, Zwirnen, Weben und Färben der Bio-Seide werden ausschließlich gesundheits- und umweltschonende Chemikalien und Farbstoffe verwendet.

Bambus

Bambuszellulose ist zwar ein natürlicher Rohstoff, doch die daraus produzierte Bambus-Viskose besteht zumeist aus reiner Kunstfaser.
Was du wissen musst:
Im Einzelfall entscheiden Anbau und Transportweg darüber, ob das Produkt als umweltfreundlich gilt. Bei der Produktion von Bambusstoff entstehen aber in der Regel giftige Chemikalien – ein weiterer Grund dafür, dass Bambus-Viskose nicht umweltfreundlich ist.

Tencel, die nachhaltige Kunstfaser

Tencel ist eine aufbereitete Naturfaser, die auch als Lyocell bezeichnet wird. Der Ausgangsstoff ist asiatisches Eukalyptusholz, das aus nachhaltig bewirtschafteten Wäldern und Plantagen stammt. Aus den Holzfasern wird in einem künstlichen Prozess Garn gewonnen, das dann wiederum zu Stoffen weiterverarbeitet wird.
Was du wissen musst:
Tencel kommt im Gegensatz zu Baumwolle ohne künstliche Bewässerung aus. Letztere benötigt für ein T-Shirt ca. 2.000 Liter, wohingegen Tencel eine 10- bis 20-fach geringere Wassermenge braucht. Und dennoch ist die Faserausbeute zehnmal höher als bei Baumwolle. Zudem sind die Fasern vollständig biologisch abbaubar in Wasser, Erde und Kompost.

Upcycling: Dosen

Wenn du um die Dose nicht herumkommst, kannst du sie leer für andere Zwecke umfunktionieren – so entsteht wenigstens kein Müll.

PFLANZTOPF ZUM HÄNGEN
Dose, Tafelfarbe, Klebeband, Kreide

Klebe deine Dose an beiden Rändern mit Klebeband ab. Drücke dabei das Band gut an, damit die Farbe nicht darunterläuft. Nun bemalst du den Zwischenraum mit der Tafelfarbe und ziehst das Klebeband ab. Wenn die Farbe trocken ist, kannst du mit der Kreide den Kräuternamen daraufschreiben.

PFLANZTOPF IN WEISS
Dose, Klebeband, weiße Farbe

Entferne von deinen Dosen die Etiketten. Gegebenenfalls einmal richtig mit Spülmittel schrubben. Sorgfältig abtrocknen. Wir haben den unteren Rand abgeklebt und die restliche Dose bemalt – du kannst es natürlich auch andersherum machen. Wichtig ist nur, dass du das Klebeband abziehst, solange die Farbe noch feucht ist. Sonst entstehen unschöne ausgefranste Ränder.

WINDLICHTER
Dosen, Farbe, Hammer, Nagel

Verwende für deine Windlichter ruhig unterschiedlich große Dosen. Schlage mit einem Hammer und einem Nagel kleine Löcher hinein. Möchtest du lieber ein Muster, zeichne es dir vorher mit einem Bleistift an und hämmere dann die Löcher hinein. Anschließend bemalst du die Dosen in den Farben deiner Wahl.

BESTECKHALTER
6 Dosen, Farbe, Bretter, Akkuschrauber, Schrauben, alter Gürtel

Male deine Dosen nach Lust und Laune an. Während die Farbe trocknet, schraubst du zwei Holzbretter wie im Bild ganz links zusammen und befestigst oben ein Stück von einem alten Gürtel als Griff. Jetzt nur noch die Dosen mit je einer Schraube (oder einem Nagel) am Boden befestigen, und fertig ist dein neuer mobiler Besteckkasten.

Upcycling: Kisten

Mit Weinkisten lassen sich tolle neue Möbelstücke kreieren.

SCHUHREGAL

Weinkisten, weißer Lack (gibt es von AURO auch ökologisch), je nach Kiste, evtl. etwas Schleifpapier

Ist deine Kiste schön glatt, musst du sie nur leicht reinigen und kannst sie anschließend streichen. Sollte es raue Stellen geben, gehst du am besten erst noch mit Schleifpapier darüber. Im Anschluss erst mit einem trockenen, dann mit einem feuchten Tuch abwischen, danach streichen. Ist die Farbe trocken, kannst du die Kisten eventuell noch miteinander verschrauben. Anschließend an die Wand damit und Schuhe hineinstellen.

SCHREIBTISCH

2 stabile Kisten, 1 Arbeitsplatte, Akkuschrauber, Schrauben

Die Arbeitsplatte mit der linken Seite nach oben auf den Boden legen und die Kisten daraufsetzen – und zwar so, dass beide mit der jeweils äußeren Kante abschließen. Schraube die Kisten von unten gegen die Arbeitsplatte. Für jede Seite vier Winkel verwenden. Schon kannst du deinen neuen Schreibtisch umdrehen und mit Stiften & Co. einrichten.

REGAL

Kisten, Schrauben

Die Kisten säubern und anschließend aufeinanderstapeln. Für mehr Stabilität am besten erst miteinander, dann an der Wand festschrauben.

KISTENTISCH

Kiste, zugeschnittene Tischplatte, weißer Lack, Akkuschrauber, Rollen

Die Kiste falls nötig abschleifen und die Tischplatte am Kistenboden mit Schrauben befestigen. Nun die gesamte Kiste lackieren. Nach dem Trocknen bohrst du vier Löcher in die Kistenecken und schraubst deine Rollfüße hinein. Dreh deinen Tisch um und stell ihn vor deine Couch.

Upcycling: Glas

Glas ist ein viel zu wertvoller Rohstoff, um ihn nur einmal zu verwenden.

FLASCHENVASE
Flaschen, Klebeband, weißer Lack

Die Flaschen in der Mitte mit Klebeband abkleben. Auf die restliche Flasche die Farbe auftragen, Band abziehen und trocknen lassen.

SCHRAUBGLASLEUCHTE
Schraubglas, Lampeneinfassung, passende Birne (am besten LED), Kabel mit Stecker, Werkzeug: Bohrmaschine, Schere

Auf dem Deckel den Umfang der Lampenfassung anzeichnen. Dann mit der Bohrmaschine innerhalb des inneren Kreises ein Loch bohren. Durch dieses Loch steckst du eine Schere und schneidest die zuvor markierte Linie aus. Prüfe, ob die Fassung schon passt, sie sollte fest sitzen. Fassung wieder herausnehmen. Verbinde nun das Stromkabel mit der Lampenfassung – frage hierzu am besten einen Fachmann. Anschließend das Kabel wieder durch den Glasdeckel stecken. Jetzt von innen das breitere Schraubgewinde aufdrehen, eine passende Birne hineindrehen, und fertig ist deine coole Schraubglas-Lampe.

SCHRAUBGLÄSER MIT DECKEL
Schraubgläser mit Deckel, Lack, Möbelknäufe

Unsere waschbaren Abschminkpads und unsere Haarseife finden hier ein hübsches Plätzchen. Dafür Deckel bemalen, trocknen lassen und schicke Knäufe aufschrauben. Ein toller Hingucker fürs Bad!

EINMACHGLAS MIT DEKO
Großes Glas, Naturmaterialien

Unsere Blitzdeko fürs Wochenende haben wir bei einem Spaziergang gesammelt. Einfach Kastanien, Eicheln, Hagebutten und was du sonst noch findest in ein großes Glas geben – fertig.

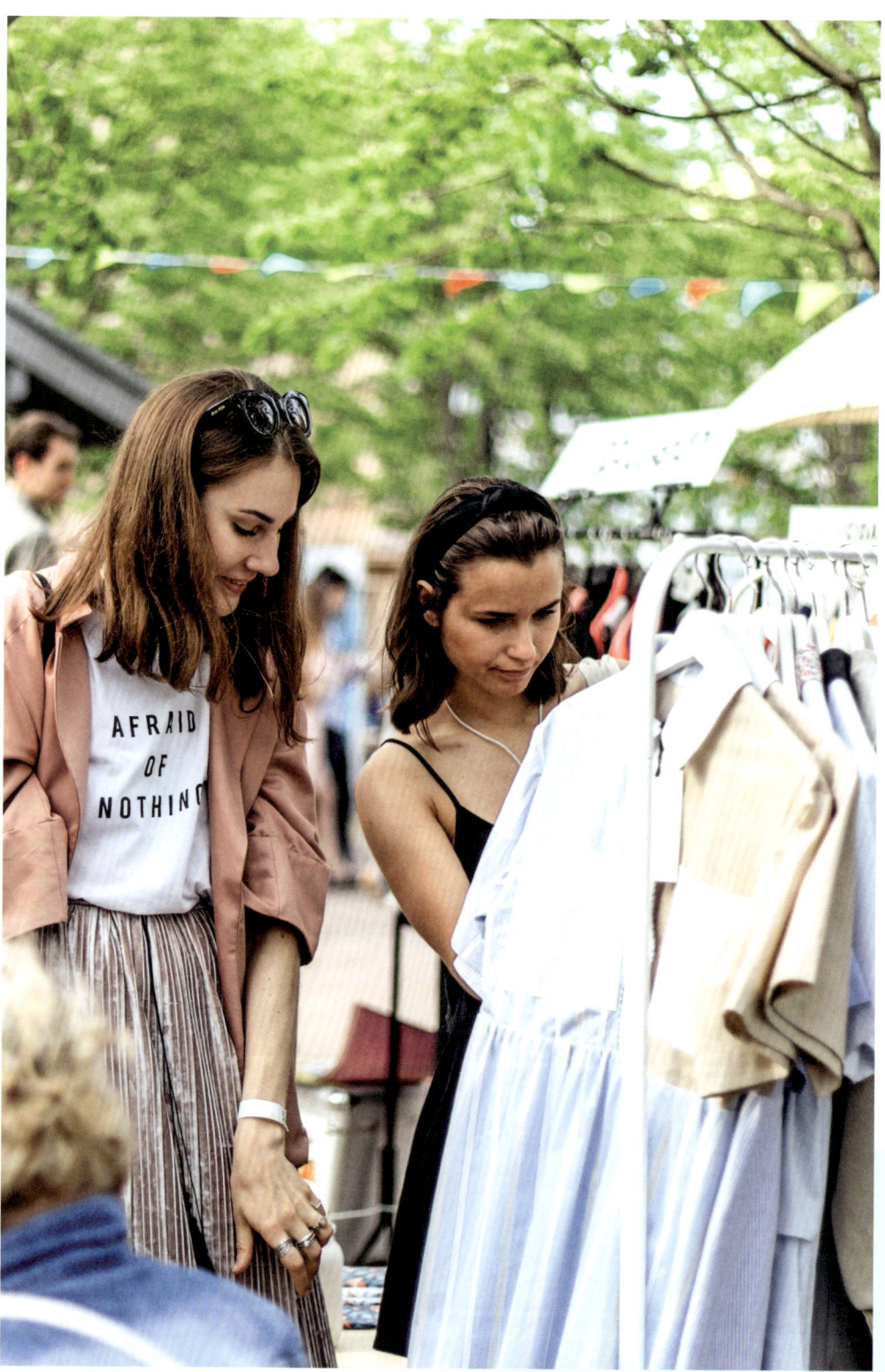

Kapitel *5*

My Green Life

Kaufen, kaufen, kaufen – ob es Kleidung, elektronische Geräte, Möbel oder andere Dinge für das tägliche Leben sind, wir kaufen mehr, als wir benötigen und werfen Dinge weg, die wir nicht mehr benutzen. Ganz schön viel Müll wird da produziert und Rohstoffe verbraucht. Es geht auch anders. Finde deinen eigenen Weg zu einem anderen Umgang mit unseren Ressourcen.

Share Economy

Es gibt jede Menge ökologische, ökonomische und soziale Gründe, das eigene Konsumverhalten auf den Prüfstand zu stellen. Teilen, Tauschen und Ausleihen können Ressourcen schonen, Müll vermeiden und sogar glücklich machen.

Seien wir ehrlich: Häufig kaufen wir Dinge, die wir eigentlich gar nicht brauchen. Wir wissen das auch, aber es scheint so zu sein, dass wir vor allem die mit dem Produkt verbundenen Gefühle kaufen, weil es einfach schön ist, etwas zu besitzen. Eigentlich sollten die Überlegungen aber in eine andere Richtung gehen: Brauche ich das wirklich? Kann ich mir das leisten? Wie oft werde ich es verwenden? Wohin damit in der Wohnung oder im Haus? Weniger kaufen, weniger besitzen und im Umkehrschluss weniger arbeiten, dafür mehr Lebenszeit haben und außerdem noch umweltbewusst leben, das ist ein minimalistischer Ansatz und das Prinzip von Downshifting. Mit dieser Einstellung kann jeder der Produktflut im eigenen Zuhause den Rücken kehren.

Nützlich und nachhaltig sind außerdem Teilen, Tauschen und Ausleihen. Wichtigste Voraussetzung: Es sollten dadurch tatsächlich weniger Ressourcen verbraucht werden. Ob sich drei Nachbarn zusammen einen Rasenmäher kaufen oder jeder seinen eigenen besitzt, ist schon ein Unterschied, ob Nahrungsmittel entsorgt oder mit Menschen geteilt werden, ebenfalls. Nachhaltigkeit hat nämlich immer auch etwas mit sozialem Gewissen zu tun.

NÜTZLICH UND SINNVOLL ODER EHER NICHT?

Eine neue Erfindung ist das Teilen und Tauschen nicht, denn das tun Menschen schon immer. Früher wurde sowieso alles Lebensnotwendige getauscht, geliehen, geteilt. Bei den meisten von uns geht es heute allerdings nicht ums Überleben, sondern um ein Umdenken, um Konsumverzicht und Nachhaltigkeit in Bezug auf unsere Ressourcen und um ein sozialeres Miteinander. Als vor einigen Jahren das Couchsurfing aufkam, war das ein echter Tausch: Man bekam in irgendeinem Land dieser Erde bei netten Menschen eine Couch, auf der man schlafen konnte und hat im Gegenzug selbst sein Sofa für andere zur Verfügung gestellt. Heute gibt es Airbnb-Wohnungen, die häufig nicht von Privatpersonen angeboten, sondern gewerblich genutzt werden. Aus dem neuen Trend wird in vielen Bereichen also wieder einmal Kapital geschlagen – nachhaltig ist das nicht, und in Ballungszentren verschärft diese Praxis sogar die Wohnungsnot und treibt so die Mieten weiter nach oben.

Verschenken, leihen, tauschen
Bestandsaufnahme

WAS HAST DU IN DEINER WOHNUNG UND BRAUCHST ES NUR SELTEN, Z. B. WAFFELEISEN, BOHRMASCHINE?

WAS DAVON KÖNNTEST DU AUSLEIHEN?

WAS BENUTZT DU GAR NICHT?

KANNST DU ES GEGEN EIN ANDERES PRODUKT TAUSCHEN?

BRAUCHST DU DAS NOCH, ODER KANNST DU ES VERSCHENKEN?

AN WEN KANNST DU DICH WENDEN, WENN DU ETWAS AUSLEIHEN WILLST?

Mitfahrzentralen oder Carsharing sind tolle Alternativen zum eigenen Auto, die ökologischere Variante besteht allerdings nach wie vor in öffentlichen Verkehrsmitteln. Wenn du Klamotten in Secondhandläden kaufst, ist das super, steigerst du aber auf diese Weise deinen Kleiderkonsum, weil du dir jetzt noch mehr kaufen kannst, ist das eindeutig nicht nachhaltig.

Achte also darauf, ob Tauschhandel, teilen oder aus zweiter Hand kaufen sinnvoll sind und den Menschen und der Umwelt etwas nützen.

Nicht jeder mag alles teilen, ausleihen oder tauschen, und nicht alles eignet sich dafür, aber es gibt viele Produkte, bei denen ein echter und nachhaltiger Gewinn entsteht. Etwas gemeinsam zu benutzen, funktioniert vor allem bei Geräten für den Garten oder zum Heimwerken oder auch bei manchen Küchenmaschinen. Wenn etwas nicht allzu häufig benötigt wird, kann man sich beim Teilen gut mit anderen arrangieren. Du kannst auch Klamotten mit Freundinnen tauschen, sodass alle ohne zu shoppen etwas Neues bekommen. Auch Foodsharing wird immer beliebter, weil mehr Menschen satt werden und weniger Nahrung verdirbt. Auch wir sind gern ein Teil der Share Economy, und es macht uns Spaß, die unterschiedlichsten Menschen kennenzulernen, neue Sichtweisen zu entdecken und Lebensstile zu hinterfragen. Das macht das Leben sehr lebenswert.

TEIL DOCH MAL – ABER WIE?

Im Netz gibt es sehr viele Sharing-Portale, allerdings keine Labels oder Empfehlungen, wo du nachhaltig teilen, ausleihen oder tauschen kannst. Wir hier achten darauf, dass hinter einem Portal nicht in Wirklichkeit ein Shop steht, der neue Produkte verkauft, das gibt es nämlich ziemlich oft. Du sparst dann eine Sache ein, nur um drei neue Dinge zu kaufen. Sinnvoll? Eher nicht.

Begeistert sind wir vom Onlineportal www.pumpipumpe.ch. Das ist eine Schweizer Seite, aber es gibt auch eine deutschlandweite Karte. Auf einer Map kannst du deine Stadt aussuchen und auswählen, was du brauchst. Dann werden dir alle Adressen angezeigt, die deinen Gegenstand anbieten. Du kannst natürlich auch selbst Dinge verleihen.

Es gibt viele Städte und Gemeinden, in denen lokale Tauschringe entstanden sind, bestimmt auch in deiner Nähe. Eine Übersicht bieten:

www.regiotauschnetz.de

Bis zu 10.000 Dinge soll ein Europäer im Durchschnitt besitzen — ganz schön viel, oder?

So sparst du Ressourcen und schonst die Umwelt

KLAMOTTEN

- Kleiderkreisel
- Nähen/reparieren
- Mit Freundinnen/Freunden tauschen
- Flohmarkt
- Secondhand
- Spenden/verschenken
- Klamotten leihen
- Oxfam

BÜCHER

- Gemeinsam kaufen
- Flohmarkt
- In der Bibliothek ausleihen
- Öffentliche Bücherschränke
- Mit Freundinnen/Freunden tauschen

ESSEN

- Foodsharing, z. B. www.foodsharing.de, UXA Foodsharing, OLIO

AUTO/E-BIKE

- leihen/teilen
- Carsharing
- Mitfahrzentrale
- Auf Bus und Bahn umsteigen

ELEKTRISCHE GERÄTE ZUM BEISPIEL FÜR GARTEN, HAUSHALT, MASCHINEN

- Gemeinsam mit Nachbarn oder Freunden kaufen
- Ausleihen
- Reparieren

ECHT SINNVOLL

Wirklich nachhaltig und sehr sinnvoll ist Foodsharing, also Lebensmittel retten und „fair-teilen". 2012 gründete sich die Organisation in Berlin, mittlerweile gibt es über 200.000 registrierte Nutzer in vielen europäischen Ländern. Das Ganze funktioniert so: Regionale Betriebe und auch private Haushalte geben noch verwertbare Lebensmittel ab, die sonst in der Mülltonne landen würden. Wer etwas übrig hat, stellt die Information ins Portal, und Interessierte können sich die Lebensmittel abholen oder die Foodsaver „fair-teilen" sie weiter. Alle Arbeit läuft ehrenamtlich, unentgeltlich und in Zusammenarbeit mit den Tafeln. Außerdem gibt es noch einige tolle Apps, die ganz ähnlich funktionieren: Du machst Fotos von Lebensmitteln, die du abgeben möchtest und stellst sie online, dann kann jemand in deiner Nähe,

der genau das gerade braucht, das Produkt abholen. Schau mal rein bei Share your food, UXA Foodsharing und OLIO. Bei OLIO geht sogar noch mehr als Food, hier kannst du auch Kleidung und Werkzeug einstellen.

www.foodsharing.de | www.shareyfood.de
www.uxa-app.com | www.olioex.com

KLEIDERKREISEL

Begeistert sind wir außerdem vom Kleiderkreisel. Das funktioniert ja schon im Kleinen, wenn wir mit Freundinnen Klamotten tauschen. Auf der Onlineplattform Kleiderkreisel kannst du Kleidung kaufen, verkaufen, tauschen oder verschenken. Diese Plattform gibt's schon relativ lange, aber sie soll in unserem Guide nicht unerwähnt bleiben, weil wir sie einfach gut finden. Beim Kleiderkreisel kannst du Kleidungsstücke abgeben, die du nicht mehr willst, und ein anderer freut sich darüber.

www.kleiderkreisel.de

Flicken & Verschenken

Nicht immer Neues kaufen, lieber kaputte Dinge reparieren – dabei werden Ressourcen gespart und Geld. Wer das nicht selbst kann, geht in ein Repair-Café. Und falls du etwas nicht mehr verwendest: verschenke es, aber dahin, wo's gebraucht wird.

Dein Handy funktioniert nicht mehr, der Föhn macht komische Geräusche, das Radio ist defekt? Wegschmeißen musst du diese Sachen nicht. Frage erst mal in einem Repair-Café nach, es gibt sicher auch eines in deiner Nähe. Wir empfehlen zwei Websites, die Repair-Cafés in deiner Nähe auflisten:

www.repaircafe.org/de
www.reparatur-initiativen.de

In den meisten Cafés kann man seine Geräte, Klamotten oder anderes zu festgelegten Zeiten abgeben, und dann kümmern sich Menschen darum, die Ahnung vom Hosenflicken, vom Föhn oder Handy reparieren und vielem mehr haben. Meistens wird schon auf der Website aufgelistet, was repariert wird.

Plane am besten etwas Zeit ein, denn mitunter herrscht dort ein ziemliches Gedränge. Und das Bezahlen? Für Ersatzteile musst du natürlich die Kosten tragen, alles andere kostet – nichts. Eine Gelinggarantie gibt es nicht, aber sehr oft sind die Reparaturen von Erfolg gekrönt.

CHARITY

Manchmal muss man sich auch von schönen Klamotten trennen, zum Beispiel wenn sie nicht mehr passen. Du kannst sie in Kleiderkreisel stellen, Freundinnen fragen, ob sie sie gebrauchen können oder sie verschenken. Am einfachsten ist es, alles zur Altkleidersammlung zu geben, in der Hoffnung, dass die Sachen dann an Bedürftige weitergegeben werden. Wenn du dabei aber auf Nummer sicher gehen willst, solltest du Folgendes tun:

Bringe alle schönen Hosen, Kleider, Jacken, T-Shirts in die Kleiderkammer und andere soziale Einrichtungen. Auch Kirchen nehmen gerne Kleider an, einfach mal nachfragen. Weiterhin gibt es Sozialkaufhäuser – bestimmt ist auch eines in deiner Nähe. Die Plattform www.wohindamit.org hilft dir, wenn du eine soziale Einrichtung suchst. Besser als die Altkleidersammlung sind Oxfam-Shops (www.oxfam.de). Bei Oxfam haben sich verschiedene Hilfsorganisationen zusammengeschlossen, in den Shops wird deine Kleidung weiterverkauft und der Erlös gespendet.

At-Last

Last but
not least

Eine gute Entscheidungshilfe beim Kauf von Produkten für das tägliche Leben sind Siegel. Auf welche du dich verlassen kannst, erfährst du hier.

Think Green
Hilfreiche Siegel

Es gibt jede Menge Umwelt-, Nachhaltigkeits- und Öko-Siegel beziehungsweise Zertifizierungen – so viele, dass man leicht den Überblick verliert. Wir haben einige wichtige für dich zusammengestellt.

Seriöse Zertifizierung

Wenn du auf einem Produkt ein einfach verständliches Siegel findest, ist das ein guter Hinweis auf eine seriöse Zertifizierung. Das Siegel muss auf fundierten, nachgeprüften Kriterien beruhen und überprüfbare Qualitätsstandards setzen.

EINES FÜR VIELE PRODUKTE

Einige Siegel findest du nicht nur auf Nahrungsmitteln, Bekleidung oder Kosmetik, sondern auch auf anderen Produktgruppen.

BLAUER ENGEL

Den Blauen Engel gibt es schon seit 1978. Er ist die älteste umweltschutzbezogene Kennzeichnung der Welt für Produkte und Dienstleistungen. Kritiker bemängeln, dass die Kriterien nicht immer streng genug sind, der Blaue Engel ist aber dennoch eine gute Orien-

tierungshilfe etwa für einzelne Haushaltsprodukte, Elektrogeräte, Lacke, Farben, Fußböden, Wärmedämmstoffe und Büromaterialien. Seit einigen Jahren wird das Umweltzeichen auch für umweltfreundlichere Notebooks, Monitore, PCs, Drucker und Kopierer vergeben. Voraussetzung: Die Geräte müssen ressourcenschonend und außerdem emissionsarm funktionieren, was besonders bei Druckern und Kopierern wichtig ist.

DEMETER

Das Demeter-Siegel findet sich auf Nahrungsmitteln und Naturkosmetik. Wenn ein Produkt alle Kriterien der Nachhaltigkeit einhält, dann ist es auf jeden Fall eines mit dem Demeter-Siegel. Die Waren unterliegen strengen Vorgaben und werden ohne Einsatz schädlicher Zusatzstoffe produziert.
In der Verarbeitung erlaubt Demeter lediglich 21 unbedingt notwendige Zusatzstoffe, die vorab sehr genau geprüft werden und sich an den eigenen

Qualitätsstandards messen lassen müssen. Es werden keine gesundheitsbedenklichen Stoffe oder Verfahren eingesetzt. Isolate und das Herauslösen von Einzelstoffen sind genauso tabu wie Aromastoffe, Mikrowellen, Strahlung oder Gentechnik, extremer Druck oder extrem hohe Temperaturen.

FAIRTRADE

Es ist auf Bananen, Kakao, Kaffee, Tee, Fußbällen, Blumen und mehr aufgebracht. Darüber hinaus gibt es noch das Fairtrade-Certified-Cotton-Siegel und das Fairtrade-Textile Production-Siegel für nachhaltige Baumwoll- und Textilproduktion. Das Siegel wird vergeben, wenn soziale, ökologische und wirtschaftliche Standards eingehalten werden. Fairtrade-Artikel findest du längst nicht mehr nur in Weltläden, sondern auch im Supermarkt. 77 Prozent der Fairtrade-Produkte waren 2018 außerdem biozertifiziert.

ECOCERT

Das ECOCERT-Siegel kennzeichnet nicht nur Wasch- und Reinigungsmittel, sondern auch Kosmetikprodukte. Im Vergleich zu konventionellen Artikeln sind solche mit dem ECOCERT-Siegel umweltschonender hergestellt. Inhaltsstoffe und deren Abbaubarkeit stehen im Fokus, das Produkt darf keine negativen Auswirkungen auf Gewässer haben. ECOCERT führt zwei Siegel: „ECOCERT für ökologische Wasch- & Reinigungsmittel" und „ECOCERT für ökologische Wasch- & Reinigungsmittel, hergestellt mit Biorohstoffen".

SIEGEL FÜR DEINE LEBENSMITTEL

Bio-Siegel und EU-Öko-Label findest du auf Lebensmitteln, die aus kontrolliert ökologischer Landwirtschaft stammen. Im ökologischen Landbau werden Tiere artgerecht gehalten und gefüttert, Nahrungspflanzen umweltschonend produziert und Lebensmittel schonend verarbeitet. Es sind nur wenige Zusatzstoffe bei der ökologischen Lebensmittelverarbeitung erlaubt, und gentechnische Verfahren sind grundsätzlich verboten.

REGIONALFENSTER

Das Regionalfenster sagt dir auf einen Blick, woher die Hauptzutaten eines Produkts stammen und wo sie verarbeitet wurden. Regionale Herkunft ist echt nachhaltig, weil die langen Transportwege entfallen. Etwa 4.600 Lebensmittel, Blumen und Zierpflanzen tragen dieses Siegel.

NATURLAND
UND NATURLAND FAIR

Naturland und Naturland Fair stehen ebenfalls für nachhaltig produzierte Produkte aus ökologischem Anbau, wobei „öko" für Naturland immer auch sozial bedeutet. Mit der Zusatzzertifizierung Naturland fair vereint Naturland öko & fair in einem Zeichen. Fairer Handel und faire Preise sind für alle Produkte, von Milch und Brot über Oliven und Gewürze bis hin zu den klassischen Fair-Handelsprodukten wie Kaffee und Schokolade, garantiert.

Kleidungsstücke mit dem GOTS-Siegel, dem Global Organic Textile Standard, bestehen zu mindestens 70 beziehungsweise 95 Prozent aus biologisch erzeugten Fasern, also aus kontrolliert biologischer Landwirtschaft oder Tierhaltung, und erfüllen auch bestimmte soziale Standards.

ÖKO-TEX-SIEGEL

Wenn dein Kleidungsstück mit dem STANDARD 100 Label ausgezeichnet ist, kannst du dich darauf verlassen, dass alles, auch Fäden, Knöpfe usw., auf Schadstoffe geprüft wurde und der Artikel somit humanökologisch unbedenklich ist.

HAND IN HAND – RAPUNZEL

Seit 1992 gibt es das Hand-in-Hand-Siegel der Rapunzel Naturkost GmbH. Rapunzel-Produkte sindbeispielsweise bei Nussmusen, Trockenfrüchten, Getreideprodukten, Schokolade und Kaffee zu finden, die es in Bioläden, Naturkostläden, Reformhäusern und Biosupermärkten gibt. Das Siegel kennzeichnet fair gehandelte Produkte aus ökologischem Anbau.

NCP

Der Nature-Care-Product-Standard (NCP) ist eine Umwelt-Kennzeichnung für Wasch- und Reinigungsmittel, die aus möglichst natürlichen Inhaltsstoffen bestehen und die Umwelt nicht unnötig belasten.

SIEGEL FÜR DEINE BEAUTYPRODUKTE

BDIH-PRÜFZEICHEN
Mit dem BDIH-Prüfzeichen auf Kosmetikprodukten bist du auf der sicheren Seite. Es ist ein verlässliches Siegel für kontrollierte Naturkosmetik aus natürlichen, pflanzlichen und biologischen Zutaten. Unabhängige Kontrollinstitute prüfen die angemeldeten Naturkosmetikprodukte auf ihre Inhaltsstoffe und Zusammensetzung.

NATRUE
Das Natrue-Label gibt es für kosmetische Produkte in drei verschiedenen Varianten: Natrue-Naturkosmetik mit einem Stern enthält natürliche Inhaltsstoffe. Wenn Naturkosmetik beziehungsweise die enthaltenen Naturstoffe zu mindestens 70 Prozent aus kontrolliert biologischer Erzeugung und/oder kontrollierter Wildsammlung stammen, bekommt das Produkt zwei Sterne. Beim Natrue-Label mit drei Sternen stammen mindestens 95 Prozent der Rohstoffe aus kontrolliert biologischer Erzeugung.

SIEGEL FÜR DEINE MÖBEL, WANDFARBEN UND MEHR

FSC (FOREST STEWARDSHIP COUNCIL)
Der FSC ist die verlässlichste Organisation für die Absicherung wichtiger Umwelt- und Sozialstandards im Wald. Zu finden ist das Zeichen daher vielfach auf Produkten aus Holz und Papier. Im Wald sichert die FSC-Zertifizierung eine nachhaltige Forstwirtschaft auf der Grundlage weltweit gültiger Basiskriterien, die jeweils um lokale Anforderungen ergänzt werden. Mit der Produktkettenzertifizierung wird nach dem Wald die weitere Verarbeitung von FSC- oder Recyclingstoffen bis zum fertigen Produkt kontrolliert. Damit ist bis zum letzten Produktionsschritt gewährleistet, dass jedes FSC-zertifizierte Produkt im Handel auch unmittelbar eine positive Wirkung auf die Bewirtschaftung von Wald hat.

ÖKOCONTROL
Das ÖkoControl-Siegel gibt es für Möbel, Polstermöbel und Matratzen, wenn zum Beispiel das Holz in nachhaltiger Forstwirtschaft produziert und Rohfasern verwendet wurden, die frei von Pestiziden, Herbiziden und anderen schädlichen Stoffen sind.